CRIME EN HAUTE MER

L'utilisation d'un portable n'est pas indispensable pour jouer.

Configuration minimum : Android 5 et iOS 9 pour une durée de 3 ans minimum. Larousse se réserve la possibilité d'arrêter l'utilisation des QR Codes à l'expiration de cette période de 3 ans.

Direction de la publication : Carine Girac-Marinier

Édition : Antoine Caron

Direction artistique : Uli Meindl

Conception artistique : Sophie Rivoire

Mise en pages : Nord Compo

Illustrations scènes : Guillaume Boutanox

Fabrication : Marlène Delbeken

ISBN : 978-2-03-599727-2

POCHE ESCAPE GAME

CRIME EN HAUTE MER

Nicolas Trenti

LAROUSSE

PRINCIPE
ET RÈGLES DU JEU

Les ESCAPE GAMES de poche

Les scénarios des ESCAPE GAMES de poche vous permettent de vivre des aventures littéraires à la croisée des Escape Games classiques, des jeux vidéo d'aventures type *Point'n'Click* et des Livres dont vous êtes le héros ®.

Enfermé dans une salle, vous devez explorer votre environnement et utiliser les objets à votre disposition pour vous échapper en un temps limité. Observation, réflexion et imagination vous guideront vers la sortie.

Le livre se décompose en plusieurs sections :

L'introduction

Ce texte précise le contexte de votre aventure. À la fin de la lecture de cette introduction, lancez le chronomètre. Désormais, votre temps est compté !

Toutefois, si vous ne parvenez pas à sortir dans le temps imparti, rien ne vous empêche de continuer vos recherches au-delà des 60 minutes requises.

Les salles

Chaque salle (S1, S2...) dans laquelle vous pénétrez au cours de votre aventure vous est décrite en quelques paragraphes.

Soyez attentif à ces descriptions et prenez des notes sur une feuille, en inventoriant notamment les objets que vous découvrez.

Un modèle de **feuille de route** vous sera proposé à l'issue de la lecture de la salle **S1**. Il comprend quelques exemples pour guider vos premiers pas et bien adopter la mécanique du jeu. Chaque objet est répertorié par deux lettres (par exemple : **PO** pour **porte**). Ces lettres sont utiles pour effectuer des actions sur ces objets (voir section suivante : **Décodeur**).

Attention : chaque aventure se déroulant dans plusieurs salles, ne lisez le descriptif d'une salle que si vous y avez été expressément invité.

Gardez bien en tête également qu'un objet trouvé dans une salle pourra, sauf indication contraire, être utilisé dans une des pièces suivantes.

Le « Décodeur »

Pour effectuer une action sur un objet, il suffit d'associer le code d'une **action (2 lettres)** et le code de l'**objet** (**2 lettres**) pour former un **mot-code de 4 lettres**.

Grâce au Décodeur, chaque mot-code de 4 lettres que vous formez vous renvoie à une combinaison de 4 chiffres : ce numéro correspond au paragraphe qui va vous décrire le résultat de votre action. Ces paragraphes sont disponibles

Les actions possibles

• EX pour **examiner**, regarder attentivement : cette action permet d'accéder à une description approfondie, minutieuse et très instructive de l'objet en question. Il s'agit d'une action souvent indispensable pour découvrir de précieux indices ;

• OU pour **ouvrir**, allumer ;

• DE pour **déplacer**, secouer, renverser, pousser ;

• IN pour obtenir un **indice** sur la façon d'utiliser un objet, notamment si vous êtes bloqué dans votre aventure.

Si le premier indice ne vous aide pas, un second indice plus précis pourra vous être proposé. Notez sur votre feuille de route le nombre d'indices consultés.

dans la partie **Révélations**. Il y a donc une multitude de combinaisons et de paragraphes différents qui vont vous conduire vers des histoires alternatives, vous donner des indices pour accéder à la sortie ou... à des culs-de-sac !

Attention : pour former un mot-code, il faut toujours respecter l'ordre suivant : **code de l'action puis code de l'objet.**

Par exemple : pour ouvrir (**action** OU) le **tiroir** TI, il faut se reporter à la combinaison inscrite en regard du code OUTI dans le Décodeur.

Il est également possible de combiner deux objets, de manière à les utiliser l'un avec l'autre. Pour cela, il suffit d'associer les codes des objets. Par exemple, pour utiliser la **clé en fer** CE sur le **tiroir** TI, il suffit de se reporter à la combinaison inscrite en regard du code CETI.

Au cours de votre aventure, vous pourrez également être confronté à des **cadenas**, **digicodes**, **systèmes de verrouillage**… qui nécessitent systématiquement une combinaison à quatre chiffres. Dans ce cas, une fois que vous aurez résolu

Interactions avec les personnages

Dans cette aventure toute particulière, vous ferez la connaissance de personnages désignés, comme les objets, par des codes à deux lettres (par exemple : RA pour **Theodore Brandt**

Vous pourrez interagir avec ces invités en les interrogeant sur les objets à votre disposition. Pour cela, il suffit d'associer les **codes de l'objet et du personnage**. Par exemple, pour questionner **Theodore Brandt** RA sur l'**attaché-case** AC, il suffit de se reporter à la combinaison inscrite en regard du code RAAC (ou ACRA).

Interroger les invités s'avérera indispensable pour progresser dans votre enquête, pour obtenir des informations complémentaires ou des témoignages.

l'énigme et trouvé les chiffres en question, il vous suffira de vous reporter directement au paragraphe correspondant dans la partie **Révélations** (voir paragraphe suivant). Si vous ne trouvez pas de paragraphe pour la combinaison envisagée, c'est tout simplement que ce code n'est pas le bon. Continuez à chercher un peu, et n'oubliez pas de faire appel à un indice si vous êtes bloqué.

Les « Révélations »

Le chapitre Révélations vous permet de découvrir le **résultat** d'une action, d'une association d'objets ou de la saisie d'un code. Ces paragraphes numérotés en fonction des actions et des objets choisis vont vous permettre de trouver de nouveaux indices, d'ouvrir de nouvelles salles… ou pourront s'avérer totalement inutiles ! Laissez-vous guider par le paragraphe correspondant à la combinaison en question.

Certains paragraphes vous invitent à vous défausser de certains objets dont vous n'aurez plus l'utilité. Vous pouvez alors les barrer de votre feuille de route.

Certaines combinaisons peuvent également vous pénaliser : vous pourrez perdre des minutes précieuses, ou même perdre la partie ! Soyez prudent !

La conclusion

Cette partie du livre résume le dénouement de votre aventure, à ne lire que lorsque vous serez parvenu à sortir de la dernière salle et que vous y aurez été invité. Vous découvrirez alors votre score final, en fonction du temps écoulé et du nombre d'indices consommés.

Les solutions

En fin d'ouvrage, retrouvez l'intégralité des solutions et du raisonnement à suivre pour vous échapper. À ne lire qu'en cas d'extrême nécessité !

Jouez aussi avec votre Smartphone !

Afin d'optimiser votre temps de recherche ou pour vous permettre de jouer à plusieurs simultanément, vous pouvez également utiliser votre Smartphone.

Après avoir lu l'introduction et le descriptif de la première salle dans le livre, rendez-vous à l'adresse suivante :

https://escape-game.larousse.fr/poche/mer.html

Vous pouvez aussi scanner
le Flashcode ci-contre :

Par l'intermédiaire de cette page, vous pourrez effectuer les mêmes actions qu'en parcourant le livre et découvrir immédiatement le texte des paragraphes correspondant à vos déductions.

Le principe de recherche reste d'ailleurs le même. Par l'intermédiaire d'un champ de saisie, vous pourrez entrer, au choix :

• **un mot-code de 4 lettres,** correspondant à l'association d'une action et d'un objet, à l'assemblage de deux objets entre eux ou à la combinaison d'un objet et d'un personnage (OUTI, CATI, RAAC, etc.) ;

• **une combinaison de 4 chiffres**, correspondant à un code à découvrir au cours de vos recherches.

Dans les deux cas, le paragraphe correspondant apparaît immédiatement à l'écran.

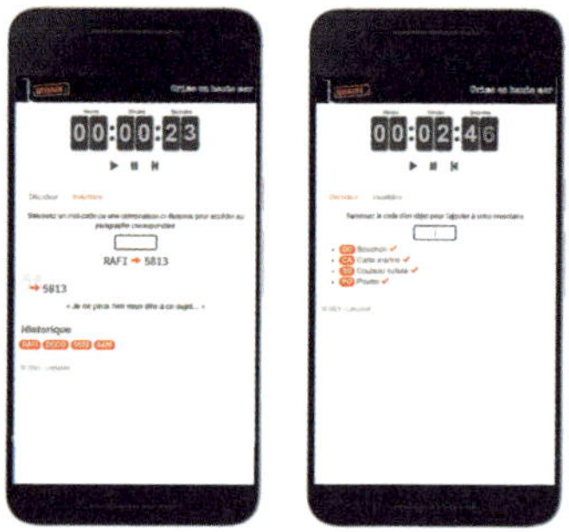

Un chronomètre, un historique cliquable des actions précédentes et un inventaire guident également vos recherches.

Quoi qu'il en soit, conservez toujours le livre à portée de main : il reste indispensable pour lire la description des nouvelles salles, des objets et la conclusion de votre aventure.

Le livre vous permettra également, en vous reportant aux paragraphes indiqués, de découvrir les visuels de certaines énigmes dans une meilleure résolution.

Vous vous sentez désormais fin prêt ? Parfait !
Commencez par lire l'introduction, et laissez-vous guider par les indications contenues dans le texte… Bonne chance !

INTRODUCTION

Septembre 1930, au large des côtes britanniques…

Accoudé à la balustrade sur le pont supérieur, vous regardez la côte anglaise disparaître dans la brume. Vous avez embarqué il y a une heure à peine, et la terre ferme de votre Devon natal vous manque déjà…

Mais quelle idée vous a pris d'accepter l'invitation de **Victor Collins**, ce collectionneur d'art que vous aviez croisé il y a quelques années au cours d'une de vos enquêtes ?

Pour beaucoup, il est vrai que cette croisière pourrait s'apparenter à des vacances idylliques... Imaginez donc ! Une vingtaine de jours, nourri et logé à bord d'un luxueux voilier, à sillonner en toute liberté les eaux internationales… Mais pour vous, **William Fisher**, inspecteur de police britannique, plus habitué à arpenter les routes de la campagne anglaise que les mers et océans du globe, cette croisière était davantage synonyme d'ennui et d'inconfort.

Compagnons de croisière

Pour tenter de vous convaincre, Victor Collins vous avait promis que vous passeriez ces quelques semaines en excellente compagnie. En plus de vous, de votre hôte et de quelques membres d'équipage, seules quatre personnes étaient invitées à bord : le **Dr. Mayfield** MY, cardiologue au Royal London

Le *Plymouth*

Longueur : 38 m
Construction : 1879
Port d'attache :
Plymouth

Pont supérieur

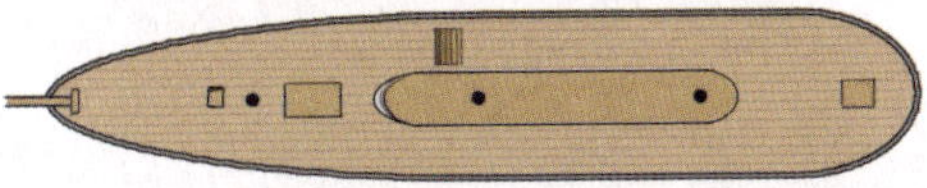

Pont principal

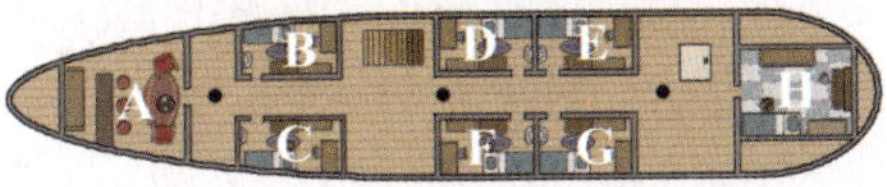

Cale

A. Petit salon
B. Salle à manger
C. Cabine n° 6 : inspecteur Fisher
D. Cabine n° 5 : Giulia Carsini
E. Cabine n° 4 : Dr. Mayfield
F. Cabine n° 3 : Theodore Brandt
G. Cabine n° 2 : James Franklin
H. Cabine n° 1 : Victor Collins

Hospital, **James Franklin** FA, célèbre auteur américain de romans policiers, **Giulia Carsini** SI, une œnologue italienne réputée, et, pour finir, **Theodore Brandt** RA, conseiller juridique et plus proche collaborateur de Collins.

Dr Mayfield MY

James Franklin FA

Giulia Carsini SI

Theodore Brandt RA

À force d'insistance, le collectionneur d'art aura finalement réussi à dissiper vos doutes et vos hésitations : « Rien de mieux que l'air frais et iodé du grand large pour se détendre ! Faites-moi confiance, cher ami, vous vous souviendrez de cette croisière ! »

Soit… Après tout, votre dernière enquête vous avait donné bien du fil à retordre, et vous aviez grandement besoin de vous vider un peu la tête.

C'est donc à Plymouth, l'un des plus grands ports du sud-est de l'Angleterre, que vous avez embarqué à bord du *Greenway*, le voilier d'une quarantaine de mètres de Victor Collins, pour une croisière en haute mer.

Et votre hôte ne vous avait pas menti : ce voyage allait bien vous laisser des souvenirs impérissables, pas plus tard que lors de votre première soirée à bord...

Un intrigant dîner

Après une journée en mer, alors que les côtes anglaises sont déjà bien loin et que vous avez arpenté le navire de long en large une bonne dizaine de fois à la recherche d'une quelconque occupation, Victor Collins vient frapper à votre cabine pour vous informer que le repas va être servi.

Vous rejoignez les invités dans la salle à manger et prenez place à table entre James Franklin et Theodore Brandt. Votre estomac ayant encore bien du mal à s'habituer au roulis, vous ne touchez presque pas à votre assiette, préférant vous contenter de quelques gorgées de cet excellent chianti rapporté par l'œnologue italienne.

Ce premier repas est l'occasion de faire connaissance avec les autres passagers, et vous échangez diverses anecdotes concernant vos vies professionnelles. Victor Collins, votre hôte amateur d'art, profite d'ailleurs de ce moment pour vous annoncer sa nouvelle lubie : mettre à profit ce séjour en mer pour s'atteler, lui aussi, à l'écriture d'un roman policier qui prendrait place dans les vignobles de Toscane. Il compte bien demander de l'aide à l'écrivain James Franklin pour bâtir son intrigue, et s'adjoindre les services du Dr. Mayfield, de Giulia Carsini et de vous-même pour tirer parti de vos expériences respectives et apporter de la crédibilité à son histoire. Comme toujours, son fidèle bras droit, Théodore Brandt, l'aidera dans sa tâche.

À la fin du repas, vers vingt et une heures, les invités se séparent : Giulia Carsini et le Dr. Mayfield s'accordent pour un dernier verre, tandis que Theodore Brandt, James Franklin et Victor Collins optent pour un cigare dans le petit salon. Pour votre part, vous préférez vous retirer et, après un dernier bol d'air frais sur le pont supérieur, vous regagnez votre cabine, l'estomac encore noué.

En chemin, vous commencez à vaciller. Vous mettez d'abord cela sur le compte d'une mer trop agitée, mais votre vue se brouille progressivement. Avant d'atteindre la porte de votre cabine, vous perdez l'équilibre et chutez lourdement sur le sol, inconscient...

Lancez le chronomètre, et rendez-vous en salle S1.

LA CALE

PO

SALLE S1 - LA CALE
TO
CA
SU

L'inspecteur touche le fond

Vous vous réveillez dans la cale du voilier, la tête douloureuse et le corps courbaturé. Dehors, la mer semble déchaînée et de vieilles barriques roulent autour de vous dans un vacarme assourdissant.

Malgré la douleur et le remous, vous tentez de vous relever pour mieux apprécier la situation. Votre regard se porte immédiatement sur la trappe située plusieurs mètres au-dessus de vous, qui donne accès au pont principal. Une échelle permet normalement de l'atteindre, mais quelqu'un semble avoir pris soin de la retirer…

Que se passe-t-il donc sur ce voilier ? Pourquoi vous êtes-vous réveillé dans la cale ? Et d'ailleurs, quelle heure peut-il être ? Vous jetez un œil à votre montre : presque six heures du matin. Ainsi, personne ne se serait encore rendu compte de votre disparition… ?

Vous qui n'aviez déjà pas le pied marin, cette mésaventure risque fort de vous éloigner à jamais des bateaux.

Vous tentez de vous souvenir de la soirée et des événements qui ont précédé votre évanouissement. Petit à petit, vous retrouvez vos esprits : la journée en pleine mer, le dîner avec Victor Collins et les autres invités, le verre de chianti… Mais

bien sûr, c'est sans doute cela ! Quelqu'un aura versé une drogue dans votre verre, avant de vous jeter, inconscient, au fond de la cale !

Quelque chose de louche se trame, c'est certain… Il va falloir commencer par trouver un moyen de sortir d'ici pour en avoir le cœur net. Et il va falloir faire vite !

Vous commencez par plonger les mains dans les poches de votre pantalon. Soulagement : votre **couteau suisse** fétiche **SU** est toujours là ! Vous avez également sur vous le carnet et le crayon qui vous permettent de prendre note des éléments les plus importants au cours de vos enquêtes.

Vous entreprenez désormais de fouiller la cale, mais vos recherches sont de courte durée : vous ne trouvez pas grand-chose qui pourrait vous être utile ici, à part peut-être cet imposant **tonneau en bois de chêne** **TO**, qui bloque l'accès au fond de cale, et cette **carte marine** **CA** punaisée sur un poteau.

Votre seule planche de salut pourrait-elle se trouver dans cette **poutre en bois** **PO**, située juste en dessous de la trappe qui mène au pont principal ? Si vous arriviez à vous hisser jusque-là, vous pourriez certainement quitter cet endroit.

Mais même en montant sur ces tonneaux, vous seriez dans tous les cas trop petit. Et avec ce satané roulis, impossible d'envisager pareil numéro d'équilibriste…

Alors, comment faire pour sortir d'ici ?

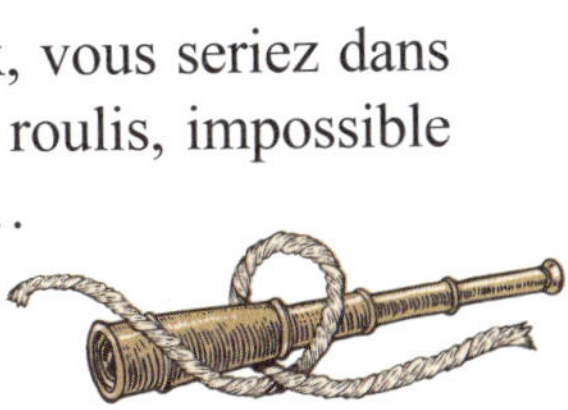

OBJETS

SU - Couteau suisse

TO - Tonneau

CA - Carte marine

PO - Poutre

NOTES

- Comment sortir de la cale ?

- Que se trame-t-il dans ce navire ?

Cale

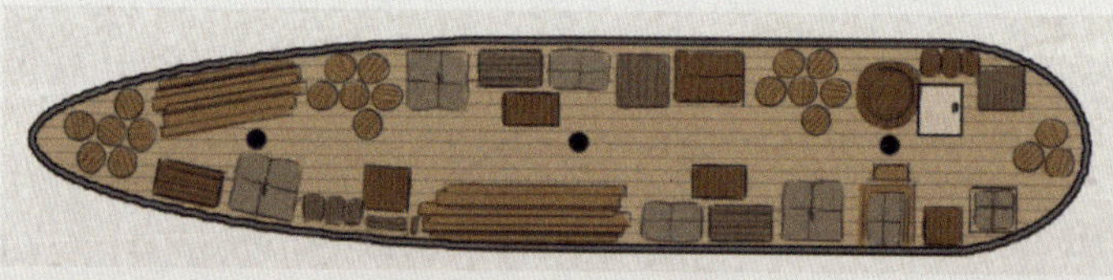

LA FEUILLE DE ROUTE

S'il s'agit de votre première aventure et que vous souhaitez un peu d'aide pour débuter, n'hésitez pas à lire les pages suivantes, qui vous guideront dans vos premiers pas.

Si vous êtes déjà familier avec la mécanique du jeu et que les règles n'ont pas de secret pour vous, vous pouvez vous dispenser de cette introduction et vous lancer par vous-même !

Vos premiers pas…

La meilleure façon de s'y prendre est de commencer par se familiariser avec son environnement. Pour cela, vous pouvez combiner l'action **Examiner** EX avec les différents objets à votre disposition, afin d'obtenir des informations complémentaires.

Par exemple, si vous souhaitez jeter un œil sur le **tonneau** TO, il vous suffit de rechercher le **mot-code** EXTO (formé par les codes EX pour **Examiner** et TO pour **tonneau**) dans le **Décodeur** (dans le livre, ou sur la version Internet du Décodeur). En regard de ce mot-code, vous découvrez la combinaison **5850**.

Dans la section **Révélations** du livre, en face du paragraphe **5850**, vous pouvez alors lire le résultat de cette action :

→ 5850

Ce large fût de chêne devait, à l'âge d'or des pirates, permettre de transporter de divins nectars... À sa base, à quelques centimètres à peine du sol, vous remarquez un **bouchon** BO et, derrière le tonneau, vous apercevez un enchevêtrement de cordages, malheureusement inaccessibles pour l'instant.

Vous ajoutez immédiatement le **bouchon** BO, à votre inventaire : vous pourrez dorénavant effectuer de nouvelles actions sur cet objet.

Toutefois, vous préférez tenter de bouger le tonneau afin d'accéder aux cordages. Vous combinez donc l'action **Déplacer** DE et le **tonneau** TO de façon à former le mot-code DETO, qui vous renvoie vers le paragraphe **1850** :

→ 1850

De toutes vos forces, vous tentez de déplacer le tonneau. Peine perdue : il est bien trop lourd !

C'est donc que ce tonneau est rempli ! Peut-être contient-il quelque chose d'utile ? Pour le savoir, il faudrait l'ouvrir. Pour cela, il suffit d'utiliser l'action **Ouvrir** OU sur le **tonneau** TO. Une recherche dans le **Décodeur** vous indique que le mot-code OUTO correspond au paragraphe **6380**, auquel vous vous reportez :

→ 6380

Vous soulevez le couvercle. À l'intérieur du tonneau à moitié rempli, vous n'apercevez rien d'autre qu'une eau saumâtre...

Si vous parveniez à vider le tonneau, vous pourriez alors le déplacer sans problème ! Il est donc temps de s'intéresser à ce **bouchon** **BO**. Peut-être que votre précieux couteau suisse pourrait vous permettre de le retirer ?

Vous utilisez le **couteau suisse** **SU** sur le **bouchon** **BO**. Vous obtenez ainsi le mot-code **SUBO**, qui correspond au paragraphe **0340**.

→ 0340

Pour utiliser le couteau suisse sur le bouchon, vous devez vous reporter à la combinaison obtenue en remplaçant le premier chiffre (**0**) de ce paragraphe par le numéro correspondant à la fonctionnalité choisie sur votre couteau suisse.

Jetons un œil aux différentes fonctions du couteau suisse, par l'intermédiaire du mot-code **EXSU**, qui renvoie au paragraphe **3420** :

→ 3420

Votre couteau suisse fétiche, qui vous suit où que vous alliez, possède différentes fonctions et vous a permis de vous tirer de situations bien pires que celle-ci !

La fonction la plus utile ici est sans conteste le tire-bouchon (7). Vous vous reportez donc au paragraphe **7340** :

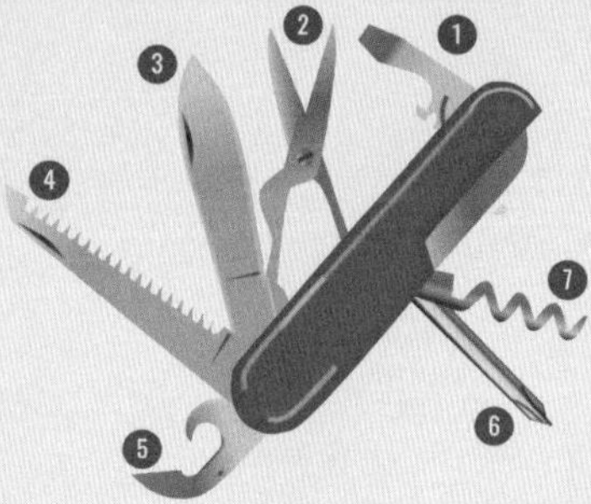

Fonctionnalités

1. Tournevis plat
2. Ciseaux
3. Couteau
4. Scie
5. Décapsuleur
6. Tournevis cruciforme
7. Tire-bouchon

→ 7340

À l'aide du tire-bouchon de votre couteau suisse, vous parvenez à retirer le bouchon. Aussitôt, des dizaines de litres d'**eau** **EA** se répandent dans la cale. Bravo, vous êtes enfermé depuis quelques minutes à peine et le bateau commence déjà à prendre l'eau... Au moins, ce tonneau sera moins lourd, désormais ! Pour matérialiser cette différence de poids, vous devrez dès lors retirer **1000** à toutes les combinaisons correspondant à des actions qui concernent le tonneau.

Il ne vous reste plus qu'à tenter à nouveau de déplacer et d'ouvrir le tonneau, en tenant compte de ces dernières consignes…

Vous devriez à présent être familier avec la mécanique des actions et les interactions possibles entre les objets. Mais si d'aventure vous vous retrouviez bloqué, n'oubliez pas que vous pouvez **demander un indice**, en combinant l'**action** **IN** avec le **code de l'objet** de votre choix.

Bonne chance pour la suite !

LE PETIT SALON

Attention ! Ne lisez le chapitre suivant que si vous y avez été expressément invité !

MISSION :

Crime en haute mer

[redacted]

SALLE S2 - LE PETIT SALON

Un mort sur du velours

Il règne une tension palpable dans le petit salon, où les invités se sont regroupés après avoir été tirés de leur sommeil par Theodore Brandt.

Au centre de la pièce, sur l'un des fauteuils, repose le **corps sans vie** MO de Victor Collins...

Votre instinct vous dicte qu'il ne s'agit pas d'une mort naturelle, et vous comprenez alors pourquoi vous avez été drogué et jeté, inconscient, au fond de la cale : votre cabine se situe en effet juste à côté du petit salon. Si Collins a bien été assassiné dans cette pièce, comme tout le laisse à penser, le meurtrier aura sans doute jugé opportun de se débarrasser de vous avant d'accomplir sa triste besogne, par crainte que vous n'entendiez quelque chose au cours de la nuit et que vous n'interveniez...

Mécaniquement, vous prenez les choses en main et vous vous lancez dans l'enquête, en commençant par faire le tour de la pièce à la recherche d'indices potentiels, sous le regard des invités, encore sonnés par cette macabre découverte.

Première constatation d'importance : la pièce ne présente aucune trace de lutte et se trouve dans la même configuration que lorsque vous l'avez visitée cet après-midi, au cours de vos pérégrinations désespérées sur le voilier.

Au fond du petit salon se dresse un **bar** BA, bordé de trois tabourets hauts. Sur les étagères derrière le comptoir, Victor

Collins avait entreposé une collection impressionnante de bouteilles de vin, dont il avait d'ailleurs eu le temps de vous vanter les louanges au cours de la journée.

Au milieu de la pièce, deux fauteuils en velours se font face, de part et d'autre d'une petite table basse. C'est dans l'un de ces fauteuils que Theodore Brandt a retrouvé, ce matin, le corps de son employeur. Sur la table, deux verres à cognac et un cendrier rempli de mégots vous laissent à penser que la victime et son assassin ont partagé un moment avant que la situation ne dégénère.

En vous accroupissant, vous dénichez sous le fauteuil où se trouve le corps un **attaché-case** AC en cuir noir. Brandt intervient aussitôt :

« Il s'agit de celui de Monsieur Collins, je suis formel. Voyez, il porte ses initiales. D'ailleurs, j'y pense maintenant, inspecteur : Monsieur Collins a fermé la porte de sa cabine à clé, sans doute avant de rejoindre le petit salon. Et j'ai regardé rapidement sur le corps, pensant que vous souhaiteriez également fouiller la cabine, mais je n'ai pas retrouvé la clé en question... »

Alors que vous poursuivez votre examen de la scène de crime, le Dr. Mayfield intervient :

« Inspecteur, merci de prendre les choses en main. De notre côté, nous restons à votre disposition. N'hésitez pas à faire appel à nous si vous avez besoin de quoi que ce soit durant votre enquête. »

Avant de vous lancer dans votre enquête, et pour garder les idées au clair, vous mettez à jour sur votre petit carnet la liste des objets à votre disposition :

OBJETS

SU - Couteau suisse
~~TO - Tonneau~~
~~CA - Carte marine~~
~~PO - Poutre~~
~~BO - Bouchon~~
EA - Eau
~~OR - Corde~~
~~CO - Coffre~~
~~AN - Ancre~~
~~GA - Grappin~~
MO - Corps de la victime
AC - Attaché-case
BA - Bar

NOTES

- ~~Comment sortir de la cale ?~~

- ~~Que se trame-t-il dans ce navire ?~~

- Comment est mort votre hôte, Victor Collins ?

- Si la mort n'est pas accidentelle, qui l'a assassiné et pourquoi ?

- Où se trouve la clé de la cabine de Collins ?

INVITÉS

RA - Theodore Brandt

FA - James Franklin

MY - Dr. Mayfield

SI - Giulia Carsini

Pont principal

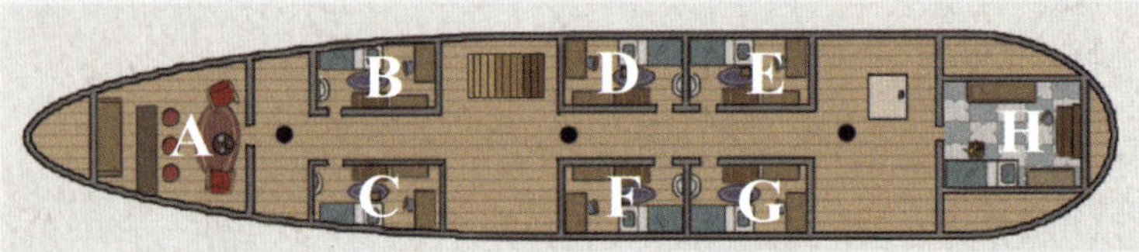

A. Petit salon
B. Salle à manger
C. Cabine n° 6 : inspecteur Fisher
D. Cabine n° 5 : Giulia Carsini
E. Cabine n° 4 : Dr. Mayfield
F. Cabine n° 3 : Theodore Brandt
G. Cabine n° 2 : James Franklin
H. Cabine n° 1 : Victor Collins

LA CABINE DE VICTOR COLLINS

Attention ! Ne lisez le chapitre suivant que si vous y avez été expressément invité !

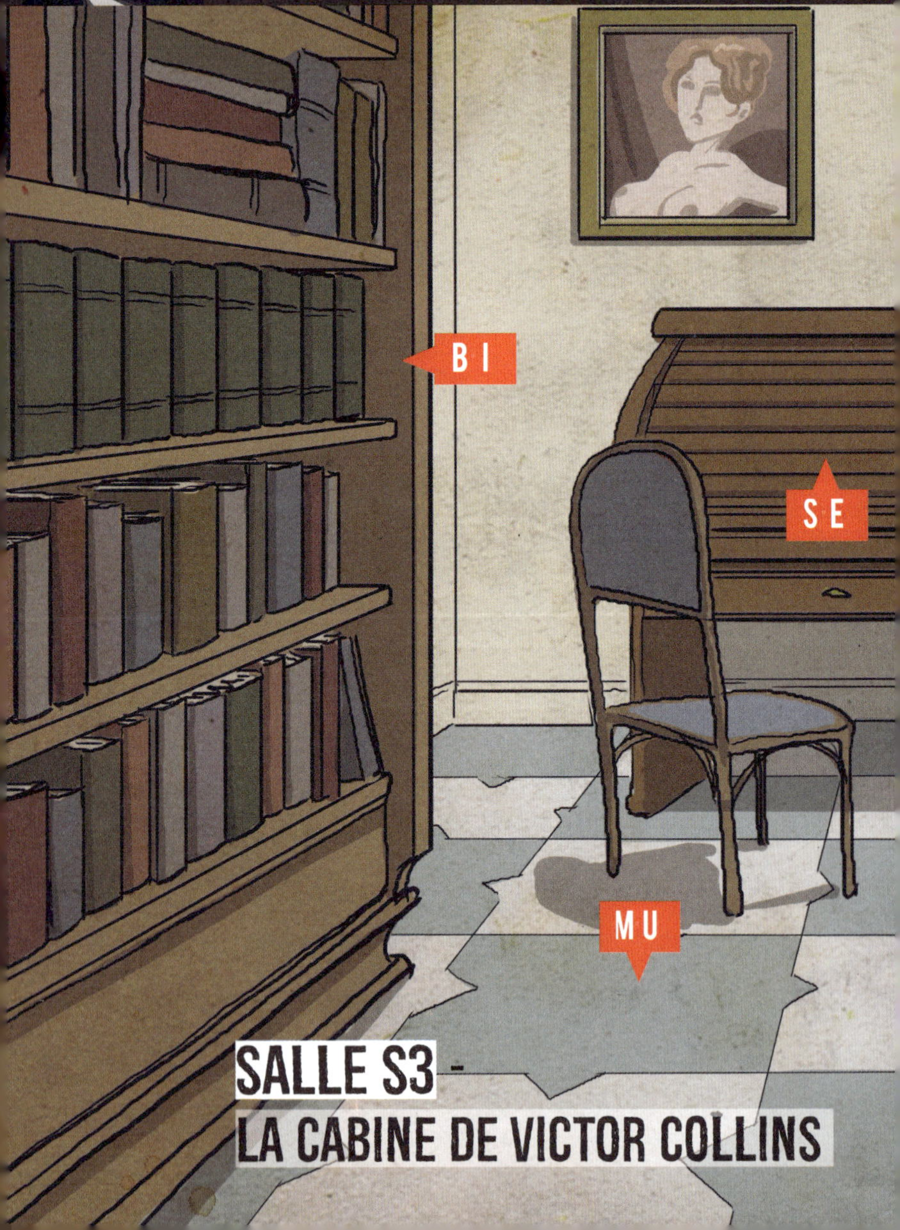

SALLE S3 - LA CABINE DE VICTOR COLLINS

HO

En quête d'indices…

En déverrouillant la porte de la cabine de Victor Collins, située à la poupe du voilier, grâce à la clé retrouvée dans l'attaché-case, vous remarquez que la serrure présente les traces d'une tentative d'effraction. Tiens, tiens… Le meurtrier aura sans doute cherché à pénétrer dans la cabine de Collins pour y récupérer quelque objet susceptible de l'incriminer !

Alors que vous pénétrez dans la pièce, vous êtes immédiatement frappé par la **moquette** MU immonde qui recouvre le sol. Un manque de goût des plus étonnants pour un collectionneur d'art !

Ce détail mis à part, la cabine de Victor Collins est meublée avec la plus grande sobriété.

Sur le mur à votre gauche, une **bibliothèque** BI occupe la moitié d'un pan de mur. Il vous faudrait des heures pour éplucher la centaine d'ouvrages qu'elle abrite !

En face de vous, plusieurs tableaux et estampes japonaises surplombent un petit **secrétaire** SE en bois verni, qui devait servir de bureau au propriétaire.

Enfin, la partie droite de la cabine est occupée par un couchage rudimentaire et une petite penderie. Le lit n'est pas défait, signe que la victime ne s'était sans doute pas couchée avant son rendez-vous nocturne avec l'as-

sassin. Sur la table de chevet, un **gramophone** **H0** au pavillon de métal chromé devait bercer les oreilles du fin mélomane qu'était Victor Collins.

Après ce premier tour d'horizon rapide, vous avez encore du mal à comprendre pourquoi l'assassin a cherché à s'introduire dans la cabine, mais votre intuition vous pousse à persévérer dans votre enquête : il vous faut découvrir qui a assassiné Collins !

Dès que vous serez convaincu de la culpabilité d'un des invités, il vous suffira de **multiplier par 1000 le numéro de la cabine de la personne en question pour l'accuser**. Mais attention, accuser à tort un innocent vous vaudra une lourde pénalité… Attendez donc d'être bien certain de votre fait !

En inspecteur méthodique que vous êtes, vous ressortez donc votre carnet pour mettre à jour la liste des objets à votre disposition. Vous en profitez pour rayer ceux qui ne vous seront plus d'aucune utilité…

OBJETS

SU - Couteau suisse

TO ~~- Tonneau~~

CA ~~- Carte marine~~

PO ~~- Poutre~~

BO ~~- Bouchon~~

EA - Eau

OR ~~- Corde~~

CO ~~- Coffre~~

AN ~~- Ancre~~

GA ~~- Grappin~~

MO ~~- Corps de la victime~~

AC ~~- Attaché-case~~

BA ~~- Bar~~

FE - Portefeuille

SA ~~- Savon~~

GE - Éponge

EL - Élastiques

BI - Bibliothèque

MU - Moquette

SE - Secrétaire

HO - Gramophone

NOTES

~~- Comment sortir de la cale ?~~

~~- Que se trame-t-il dans ce navire ?~~

~~- Comment est mort votre hôte, Victor Collins ?~~

- Si la mort n'est pas accidentelle, qui l'a assassiné et pourquoi ?

~~- Où se trouve la clé de la cabine de Collins ?~~

- La cabine de Collins contient-elle des éléments qui pourraient expliquer le meurtre et orienter votre enquête vers un suspect ?

INVITÉS

RA - Theodore Brandt

FA - James Franklin

MY - Dr. Mayfield

SI - Giulia Carsini

Pont principal

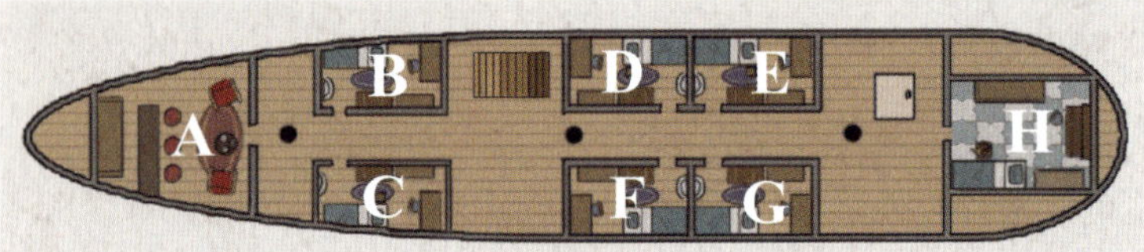

A. Petit salon
B. Salle à manger
C. Cabine n° 6 : inspecteur Fisher
D. Cabine n° 5 : Giulia Carsini
E. Cabine n° 4 : Dr. Mayfield
F. Cabine n° 3 : Theodore Brandt
G. Cabine n° 2 : James Franklin
H. Cabine n° 1 : Victor Collins

LA CABINE DU SUSPECT

Attention ! Ne lisez le chapitre suivant que si vous y avez été expressément invité !

En librairie !
MEURTRE PARFAIT
James Franklin
F I
M A

SALLE S4 - LA CABINE DU SUSPECT
L A

Un coupable à confondre

James Franklin vous accompagne jusqu'à sa cabine et vous ouvre la porte.

« Allez-y, inspecteur, fouillez ! Je vous mets au défi de trouver quoi que ce soit d'incriminant ici ! »

Il faut dire que la cabine de Franklin n'est pas plus grande que la vôtre, une dizaine de mètres carrés tout au plus, et meublée avec simplicité. Vous faites donc rapidement le tour de la pièce : quelques vêtements posés en hâte sur des étagères, un lit défait, un petit meuble de chevet avec une **lampe** LA, et un bureau sur lequel l'écrivain a semble-t-il commencé à plancher sur son prochain roman… Dans un coin de la pièce, enfin, est rangée la **malle** MA utilisée par Franklin pour emporter ses effets personnels à bord.

Depuis le pas de la porte, l'écrivain scrute d'un œil mauvais vos faits et gestes, tout en tapant nerveusement du pied.

« Allons, vous vous fatiguez inutilement, inspecteur... »

Alors que vous vous apprêtez à quitter les lieux, votre regard s'attarde sur une **affiche** F I, représentant la couverture du best-seller de James Franklin, *Meurtre parfait*.

Impensable... Le meurtre parfait n'existe pas ! En cherchant bien, vous trouverez forcément dans cette pièce un moyen de coincer l'écrivain...

Pour la dernière fois, vous mettez à jour sur votre carnet la liste des objets d'importance dénichés au cours de votre enquête, en rayant au passage les éléments dorénavant inutiles…

OBJETS

SU - Couteau suisse

TO ~~- Tonneau~~

CA ~~- Carte marine~~

PO ~~- Poutre~~

BO ~~- Bouchon~~

EA - Eau

OR ~~- Corde~~

CO ~~- Coffre~~

AN ~~- Ancre~~

GA ~~- Grappin~~

MO ~~- Corps de la victime~~

AC ~~- Attaché-case~~

BA ~~- Bar~~

FE ~~- Portefeuille~~

SA ~~- Savon~~

GE - Éponge

EL ~~- Élastiques~~

BI ~~- Bibliothèque~~

MU ~~- Moquette~~

SE ~~- Secrétaire~~

HO ~~- Gramophone~~

LI - Livre

DI ~~- Disque~~

RE ~~- Engrenages~~

FI - Affiche

MA - Malle

LA - Lampe de chevet

NOTES

~~- Comment sortir de la cale ?~~

~~- Que se trame-t-il dans ce navire ?~~

~~- Comment est mort votre hôte, Victor Collins ?~~

~~- Si la mort n'est pas accidentelle, qui l'a assassiné et pourquoi ?~~

~~- Où se trouve la clé de la cabine de Collins ?~~

~~- La cabine de Collins contient-elle des éléments qui pourraient expliquer le meurtre et orienter votre enquête vers un suspect ?~~

- Où se cache cette preuve permettant d'incriminer Franklin ?

INVITÉS

RA - Theodore Brandt

FA - James Franklin

MY - Dr. Mayfield

SI - Giulia Carsini

Pont principal

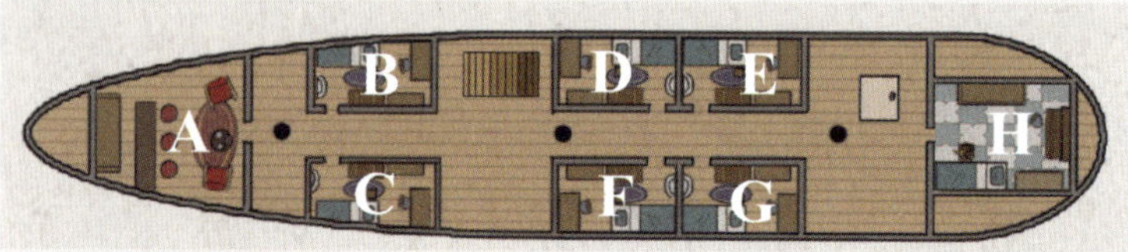

A. Petit salon
B. Salle à manger
C. Cabine n° 6 : inspecteur Fisher
D. Cabine n° 5 : Giulia Carsini
E. Cabine n° 4 : Dr. Mayfield
F. Cabine n° 3 : Theodore Brandt
G. Cabine n° 2 : James Franklin
H. Cabine n° 1 : Victor Collins

DÉCODEUR

Rappel des actions possibles

- **EX** : examiner, regarder attentivement
- **OU** : ouvrir, allumer
- **DE** : déplacer, secouer, renverser, pousser
- **IN** : indice sur l'objet
- **Assembler** les lettres de 2 objets pour les utiliser ensemble
- **Assembler** les lettres d'un **objet** et d'un **personnage** pour interroger l'invité sur cet objet

Pour saisir un **code** pour ouvrir un cadenas, digicode, etc., inutile d'utiliser le Décodeur : il suffit de se reporter **directement** à la combinaison à quatre chiffres dans la partie **Révélations** du livre.

Jouez avec votre Smartphone !

Si vous souhaitez optimiser votre temps de recherche dans le Décodeur, n'oubliez pas que vous pouvez utiliser la version Web du dictionnaire, accessible à l'adresse :

https://escape-game.larousse.fr/poche/mer.html

ou par l'intermédiaire du Flashcode ci-après.

Saisissez votre mot-code dans le champ de recherche et découvrez immédiatement la combinaison associée et le paragraphe correspondant.

ACAN	4392	ACSA	9433	ANPO	9433	BAMA	9433
ACBA	1298	ACSE	9433	ANRA	9100	BAMO	3950
ACBI	1298	ACSI	7732	ANRE	6460	BAMU	7843
ACBO	0491	ACSU	7540	ANRI	5705	BAMY	8412
ACCA	7843	ACTO	7843	ANRU	6460	BAOR	3950
ACCO	7843	ANAC	4392	ANSA	3950	BAPO	7843
ACDI	9433	ANBA	3950	ANSE	3950	BARA	7732
ACEA	8005	ANBI	3950	ANSI	9100	BARE	4392
ACEL	5705	ANBO	4392	ANSU	8005	BARI	2491
ACFA	2934	ANCA	8005	ANTO	5705	BARU	3950
ACFE	8005	ANCO	4392	BAAC	1298	BASA	0491
ACFI	2491	ANDI	3950	BAAN	3950	BASE	0491
ACGA	8005	ANEA	9433	BABI	4392	BASI	2468
ACGE	8005	ANEL	7843	BABO	1298	BASU	8580
ACHO	9433	ANFA	4831	BACA	7843	BATO	2491
ACLA	5705	ANFE	0491	BACO	2491	BIAC	1298
ACLI	7843	ANFI	4392	BADI	1298	BIAN	3950
ACMA	5705	ANGA	2491	BAEA	8005	BIBA	4392
ACMO	7843	ANGE	0491	BAEL	9433	BIBO	1298
ACMU	7843	ANHO	3950	BAFA	1246	BICA	9433
ACMY	7732	ANLA	7843	BAFE	2491	BICO	1298
ACOR	4392	ANLI	8005	BAFI	6460	BIDI	0491
ACPO	7843	ANMA	7843	BAGA	0491	BIEA	0491
ACRA	6740	ANMO	6460	BAGE	8179	BIEL	8005
ACRE	4392	ANMU	8005	BAHO	0491	BIFA	0187
ACRI	0491	ANMY	1246	BALA	5705	BIFE	1298
ACRU	0491	ANOR	8476	BALI	7843	BIFI	5705

BIGA	9433	BOEA	5705	CABA	7843	CASI	0943
BIGE	2491	BOEL	5705	CABI	9433	CASU	6500
BIHO	0491	BOFA	2934	CABO	4392	CATO	7843
BILA	8005	BOFE	8005	CACO	9433	COAC	7843
BILI	3870	BOFI	1298	CADI	1298	COAN	4392
BIMA	8005	BOGA	2491	CAEA	7843	COBA	2491
BIMO	3950	BOGE	8005	CAEL	0491	COBI	1298
BIMU	9433	BOHO	2491	CAFA	1246	COBO	6460
BIMY	8412	BOLA	4392	CAFE	9433	COCA	9433
BIOR	2491	BOLI	4392	CAFI	5705	CODI	6460
BIPO	9433	BOMA	5705	CAGA	0491	COEA	0491
BIRA	7970	BOMO	7843	CAGE	7843	COEL	5705
BIRE	4392	BOMU	4392	CAHO	8005	COFA	3019
BIRI	2491	BOMY	0943	CALA	4392	COFE	8005
BIRU	3950	BOOR	3950	CALI	9433	COFI	2491
BISA	0491	BOPO	5705	CAMA	2491	COGA	5705
BISE	0491	BORA	4831	CAMO	5705	COGE	9433
BISI	0943	BORE	4392	CAMU	2491	COHO	6460
BISU	8770	BORI	0491	CAMY	7732	COLA	5705
BITO	2491	BORU	0491	CAOR	0491	COLI	9433
BOAC	0491	BOSA	2491	CAPO	4392	COMA	5705
BOAN	4392	BOSE	2491	CARA	1246	COMO	7843
BOBA	1298	BOSI	6909	CARE	6460	COMU	0491
BOBI	1298	BOSU	0340	CARI	5705	COMY	4831
BOCA	4392	BOTO	7843	CARU	3950	COOR	4392
BOCO	6460	CAAC	7843	CASA	3950	COPO	0491
BODI	3950	CAAN	8005	CASE	6460	CORA	0943

CORE	5705	DEMU	8910	DIMA	4392	EAGA	2491
CORI	0491	DEOR	7060	DIMO	7843	EAGE	9790
CORU	1298	DEPO	1298	DIMU	2491	EAHO	5480
COSA	5705	DERE	7843	DIMY	4831	EALA	5480
COSE	6460	DERI	3550	DIOR	3950	EALI	8610
COSI	7732	DERU	4392	DIPO	2491	EAMA	3950
COSU	4840	DESA	4392	DIRA	2934	EAMO	6460
COTO	7843	DESE	6630	DIRE	4392	EAMU	8005
DEAC	8005	DESU	9433	DIRI	0491	EAMY	8412
DEAN	7860	DETO	1850	DIRU	0491	EAOR	1298
DEBA	8005	DIAC	9433	DISA	5705	EAPO	8005
DEBI	4970	DIAN	3950	DISE	5705	EARA	3019
DEBO	6440	DIBA	1298	DISI	6909	EARE	7843
DECA	2910	DIBI	0491	DISU	4040	EARI	6460
DECO	0050	DIBO	3950	DITO	6460	EARU	4392
DEDI	0240	DICA	1298	EAAC	8005	EASA	7330
DEEA	3020	DICO	6460	EAAN	9433	EASE	7843
DEEL	1298	DIEA	2491	EABA	8005	EASI	1246
DEFE	1298	DIEL	5705	EABI	0491	EASU	7843
DEFI	5590	DIFA	2934	EABO	5705	EATO	8005
DEGA	3130	DIFE	7843	EACA	7843	ELAC	5705
DEGE	1800	DIFI	1298	EACO	0491	ELAN	7843
DEHO	3930	DIGA	5705	EADI	2491	ELBA	9433
DELA	5705	DIGE	8005	EAEL	1298	ELBI	8005
DELI	5910	DIHO	0504	EAFA	2934	ELBO	5705
DEMA	8290	DILA	4392	EAFE	0491	ELCA	0491
DEMO	0660	DILI	1298	EAFI	2590	ELCO	5705

ELDI	5705	EXBA	0880	FAAC	2934	FASU	1246
ELEA	1298	EXBI	0080	FAAN	4831	FATO	6909
ELFA	5813	EXBO	2540	FABA	1246	FEAC	8005
ELFE	9433	EXCA	6420	FABI	0187	FEAN	0491
ELFI	0491	EXCO	5050	FABO	2934	FEBA	2491
ELGA	3950	EXDI	5240	FACA	1246	FEBI	1298
ELGE	0491	EXEA	6520	FACO	3019	FEBO	8005
ELHO	7399	EXEL	4101	FADI	2934	FECA	9433
ELLA	9433	EXFE	7090	FAEA	2934	FECO	8005
ELLI	0491	EXFI	0690	FAEL	5813	FEDI	7843
ELMA	0491	EXGA	8130	FAFE	8412	FEEA	0491
ELMO	7843	EXGE	4200	FAFI	5149	FEEL	9433
ELMU	1298	EXHO	7930	FAGA	1246	FEFA	8412
ELMY	2934	EXLA	3580	FAGE	8412	FEFI	6460
ELOR	6460	EXLI	8420	FAHO	2934	FEGA	6460
ELPO	1298	EXMA	3390	FALA	4831	FEGE	3950
ELRA	1246	EXMO	6660	FALI	6150	FEHO	7843
ELRE	4799	EXMU	1520	FAMA	8419	FELA	2491
ELRI	6460	EXOR	2160	FAMO	2746	FELI	0491
ELRU	7843	EXPO	4520	FAMU	1246	FEMA	9433
ELSA	4392	EXRE	3770	FAOR	3019	FEMO	0491
ELSE	4392	EXRI	9550	FAPO	2934	FEMU	0491
ELSI	8412	EXRU	9360	FARE	4831	FEMY	5813
ELSU	2990	EXSA	5430	FARI	2045	FEOR	9433
ELTO	6460	EXSE	1730	FARU	0943	FEPO	0491
EXAC	8740	EXSU	3420	FASA	1246	FERA	4090
EXAN	3960	EXTO	5850	FASE	1246	FERE	1298

FERI	9433	FIMY	9100	GALA	3950	GEFA	8412
FERU	0491	FIOR	3950	GALI	1298	GEFE	3950
FESA	1688	FIPO	5705	GAMA	3950	GEFI	2200
FESE	7843	FIRA	5813	GAMO	6460	GEGA	7843
FESI	1246	FIRE	4392	GAMU	1298	GEHO	7843
FESU	5880	FIRI	2491	GAMY	7732	GELA	2491
FETO	9433	FIRU	3950	GAOR	2491	GELI	8005
FIAC	2491	FISA	0491	GAPO	7030	GEMA	3950
FIAN	4392	FISE	0491	GARA	1246	GEMO	0491
FIBA	6460	FISI	4831	GARE	3950	GEMU	3790
FIBI	5705	FISU	9390	GARI	9433	GEMY	5813
FIBO	1298	FITO	3950	GARU	9433	GEOR	0491
FICA	5705	GAAC	8005	GASA	5705	GEPO	8005
FICO	2491	GAAN	2491	GASE	1298	GERA	8412
FIDI	1298	GABA	0491	GASI	5813	GERE	1298
FIEA	2590	GABI	9433	GASU	0491	GERI	9433
FIEL	0491	GABO	2491	GATO	5705	GERU	0491
FIFA	5149	GACA	0491	GEAC	8005	GESA	7843
FIFE	6460	GACO	5705	GEAN	0491	GESE	7843
FIGA	0491	GADI	5705	GEBA	8179	GESI	1246
FIGE	2200	GAEA	2491	GEBI	2491	GESU	7843
FIHO	1298	GAEL	3950	GEBO	8005	GETO	9433
FILA	5705	GAFA	1246	GECA	7843	HOAC	9433
FILI	5705	GAFE	6460	GECO	9433	HOAN	3950
FIMA	6460	GAFI	0491	GEDI	8005	HOBA	0491
FIMO	3950	GAGE	7843	GEEA	9790	HOBI	0491
FIMU	5705	GAHO	8005	GEEL	0491	HOBO	2491

HOCA	8005	INAC	2007	INSU	8960	LARI	5705
HOCO	6460	INAN	3207	INTO	2107	LARU	6538
HODI	0504	INBA	1368	LAAC	5705	LASA	3950
HOEA	0491	INBI	9287	LAAN	7843	LASE	3950
HOEL	7399	INBO	9996	LABA	5705	LASI	7732
HOFA	2934	INCA	1070	LABI	8005	LASU	2380
HOFE	7843	INCO	4007	LABO	4392	LATO	6460
HOFI	1298	INDI	6996	LACA	4392	LIAC	7843
HOGA	8005	INEA	1170	LACO	5705	LIAN	8005
HOGE	7843	INEL	9699	LADI	4392	LIBA	7843
HOLA	4392	INFE	9988	LAEA	5480	LIBI	3870
HOLI	9433	INFI	4349	LAEL	9433	LIBO	4392
HOMA	4392	INGA	6896	LAFA	4831	LICA	9433
HOMO	6460	INGE	1020	LAFE	2491	LICO	9433
HOMU	9433	INHO	4596	LAFI	5705	LIDI	1298
HOMY	7732	INLA	4638	LAGA	3950	LIEA	8610
HOOR	3950	INLI	3070	LAGE	2491	LIEL	0491
HOPO	9433	INMA	6619	LAHO	4392	LIFA	6150
HORA	6930	INMO	0207	LALI	4392	LIFE	0491
HORE	3950	INMU	6070	LAMA	9433	LIFI	5705
HORI	9433	INOR	5107	LAMO	6460	LIGA	1298
HORU	0491	INPO	9070	LAMU	5705	LIGE	8005
HOSA	8005	INRE	1657	LAMY	2934	LIHO	9433
HOSE	9433	INRI	0107	LAOR	6460	LILA	4392
HOSI	6909	INRU	8107	LAPO	5705	LIMA	2491
HOSU	0730	INSA	9988	LARA	5813	LIMO	6460
HOTO	6460	INSE	1996	LARE	7843	LIMU	2491

LIMY	7732	MAHO	4392	MOFA	2746	MUCA	2491
LIOR	0491	MALA	9433	MOFE	0491	MUCO	0491
LIPO	5705	MALI	2491	MOFI	3950	MUDI	2491
LIRA	2934	MAMO	7843	MOGA	6460	MUEA	8005
LIRE	6460	MAMU	3950	MOGE	0491	MUEL	1298
LIRI	5705	MAMY	2934	MOHO	6460	MUFA	1246
LIRU	3950	MAOR	6460	MOLA	6460	MUFE	0491
LISA	3950	MAPO	3950	MOLI	6460	MUFI	5705
LISE	6460	MARA	3019	MOMA	7843	MUGA	1298
LISI	1246	MARE	8005	MOMU	6460	MUGE	3790
LISU	2800	MARI	6460	MOMY	8446	MUHO	9433
LITO	7843	MARU	6460	MOOR	9433	MULA	5705
MAAC	5705	MASA	3950	MOPO	6460	MULI	2491
MAAN	7843	MASE	4392	MORA	3660	MUMA	3950
MABA	9433	MASI	7732	MORE	6460	MUMO	6460
MABI	8005	MASU	2190	MORI	8005	MUMY	7732
MABO	5705	MATO	6460	MORU	9433	MUOR	0491
MACA	2491	MOAC	7843	MOSA	6460	MUPO	5705
MACO	5705	MOAN	6460	MOSE	6460	MURA	4220
MADI	4392	MOBA	3950	MOSI	1908	MURE	6460
MAEA	3950	MOBI	3950	MOSU	4460	MURI	5705
MAEL	0491	MOBO	7843	MOTO	8005	MURU	3950
MAFA	8419	MOCA	5705	MUAC	7843	MUSA	4392
MAFE	9433	MOCO	7843	MUAN	8005	MUSE	6460
MAFI	6460	MODI	7843	MUBA	7843	MUSI	1246
MAGA	3950	MOEA	6460	MUBI	9433	MUSU	9010
MAGE	3950	MOEL	7843	MUBO	4392	MUTO	8005

MYAC	7732	MYSU	7732	ORRI	5705	OUOR	9433
MYAN	1246	MYTO	4831	ORRU	2491	OUPO	4392
MYBA	8412	ORAC	4392	ORSA	2491	OURE	7843
MYBI	8412	ORAN	8476	ORSE	3950	OURI	7727
MYBO	0943	ORBA	3950	ORSI	8412	OURU	9433
MYCA	7732	ORBI	2491	ORSU	1950	OUSA	6460
MYCO	4831	ORBO	3950	ORTO	5705	OUSE	9527
MYDI	4831	ORCA	0491	OUAC	9627	OUSU	3420
MYEA	8412	ORCO	4392	OUAN	0491	OUTO	6380
MYEL	2934	ORDI	3950	OUBA	4392	POAC	7843
MYFE	5813	OREA	1298	OUBI	4392	POAN	9433
MYFI	9100	OREL	6460	OUBO	6440	POBA	7843
MYGA	7732	ORFA	3019	OUCA	3950	POBI	9433
MYGE	5813	ORFE	9433	OUCO	2727	POBO	5705
MYHO	7732	ORFI	3950	OUDI	7843	POCA	4392
MYLA	2934	ORGA	2491	OUEA	4392	POCO	0491
MYLI	7732	ORGE	0491	OUEL	8005	PODI	2491
MYMA	2934	ORHO	3950	OUFE	1098	POEA	8005
MYMO	8446	ORLA	6460	OUFI	4392	POEL	1298
MYMU	7732	ORLI	0491	OUGA	6460	POFA	2934
MYOR	1246	ORMA	6460	OUGE	1298	POFE	0491
MYPO	8412	ORMO	9433	OUHO	1627	POFI	5705
MYRE	1246	ORMU	0491	OULA	6638	POGA	7030
MYRI	7732	ORMY	1246	OULI	0370	POGE	8005
MYRU	8412	ORPO	2060	OUMA	7843	POHO	9433
MYSA	3019	ORRA	1246	OUMO	8827	POLA	5705
MYSE	0943	ORRE	6460	OUMU	4392	POLI	5705

POMA	3950	RAGE	8412	REFE	1298	RICO	0491
POMO	6460	RAHO	6930	REFI	4392	RIDI	0491
POMU	5705	RALA	5813	REGA	3950	RIEA	6460
POMY	8412	RALI	2934	REGE	1298	RIEL	6460
POOR	2060	RAMA	3019	REHO	3950	RIFA	2045
PORA	2934	RAMO	3660	RELA	7843	RIFE	9433
PORE	7843	RAMU	4220	RELI	6460	RIFI	2491
PORI	5705	RAOR	1246	REMA	8005	RIGA	9433
PORU	3950	RAPO	2934	REMO	6460	RIGE	9433
POSA	4392	RARE	7732	REMU	6460	RIHO	9433
POSE	7843	RARI	5813	REMY	1246	RILA	5705
POSI	1246	RARU	3019	REOR	6460	RILI	5705
POSU	6310	RASA	4831	REPO	7843	RIMA	6460
POTO	5750	RASE	9630	RERA	7732	RIMO	8005
RAAC	6740	RASU	1246	RERI	5705	RIMU	5705
RAAN	9100	RATO	8412	RERU	6460	RIMY	7732
RABA	7732	REAC	4392	RESA	3950	RIOR	5705
RABI	7970	REAN	6460	RESE	3950	RIPO	5705
RABO	4831	REBA	4392	RESI	0943	RIRA	5813
RACA	1246	REBI	4392	RESU	6460	RIRE	5705
RACO	0943	REBO	4392	RETO	5705	RIRU	1298
RADI	2934	RECA	6460	RIAC	0491	RISA	9433
RAEA	3019	RECO	5705	RIAN	5705	RISE	9433
RAEL	1246	REDI	4392	RIBA	2491	RISI	8412
RAFE	4090	REEA	7843	RIBI	2491	RISU	0350
RAFI	5813	REEL	4799	RIBO	0491	RITO	8005
RAGA	1246	REFA	4831	RICA	5705	RUAC	0491

RUAN	6460	RUSE	9433	SAPO	4392	SEMA	4392
RUBA	3950	RUSI	8412	SARA	4831	SEMO	6460
RUBI	3950	RUSU	2491	SARE	3950	SEMU	6460
RUBO	0491	RUTO	2491	SARI	9433	SEMY	0943
RUCA	3950	SAAC	9433	SARU	9433	SEOR	3950
RUCO	1298	SAAN	3950	SASE	2491	SEPO	7843
RUDI	0491	SABA	0491	SASI	5813	SERA	9630
RUEA	4392	SABI	0491	SASU	3230	SERE	3950
RUEL	7843	SABO	2491	SATO	6460	SERI	9433
RUFA	0943	SACA	3950	SEAC	9433	SERU	9433
RUFE	0491	SACO	5705	SEAN	3950	SESA	2491
RUFI	3950	SADI	5705	SEBA	0491	SESI	6909
RUGA	9433	SAEA	7330	SEBI	0491	SESU	0530
RUGE	0491	SAEL	4392	SEBO	2491	SETO	6460
RUHO	0491	SAFA	1246	SECA	6460	SIAC	7732
RULA	6538	SAFE	1688	SECO	6460	SIAN	9100
RULI	3950	SAFI	0491	SEDI	5705	SIBA	2468
RUMA	6460	SAGA	5705	SEEA	7843	SIBI	0943
RUMO	9433	SAGE	7843	SEEL	4392	SIBO	6909
RUMU	3950	SAHO	8005	SEFA	1246	SICA	0943
RUMY	8412	SALA	3950	SEFE	7843	SICO	7732
RUOR	2491	SALI	3950	SEFI	0491	SIDI	6909
RUPO	3950	SAMA	3950	SEGA	1298	SIEA	1246
RURA	3019	SAMO	6460	SEGE	7843	SIEL	8412
RURE	6460	SAMU	4392	SEHO	9433	SIFE	1246
RURI	1298	SAMY	3019	SELA	3950	SIFI	4831
RUSA	9433	SAOR	2491	SELI	6460	SIGA	5813

SIGE	1246	SUBO	0340	SURA	6909	TOFI	3950
SIHO	6909	SUCA	6500	SURE	6460	TOGA	5705
SILA	7732	SUCO	4840	SURI	0350	TOGE	9433
SILI	1246	SUDI	4040	SURU	2491	TOHO	6460
SIMA	7732	SUEA	7843	SUSA	3230	TOLA	6460
SIMO	1908	SUEL	2990	SUSE	0530	TOLI	7843
SIMU	1246	SUFA	9100	SUSI	9100	TOMA	6460
SIOR	8412	SUFE	5880	SUTO	4650	TOMO	8005
SIPO	1246	SUFI	9390	TOAC	7843	TOMU	8005
SIRE	0943	SUGA	0491	TOAN	5705	TOMY	4831
SIRI	8412	SUGE	7843	TOBA	2491	TOOR	5705
SIRU	8412	SUHO	0730	TOBI	2491	TOPO	5750
SISA	5813	SULA	2380	TOBO	7843	TORA	8412
SISE	6909	SULI	2800	TOCA	7843	TORE	5705
SISU	0943	SUMA	2190	TOCO	7843	TORI	8005
SITO	8412	SUMO	4460	TODI	6460	TORU	2491
SUAC	7540	SUMU	9010	TOEA	8005	TOSA	6460
SUAN	8005	SUMY	6909	TOEL	6460	TOSE	6460
SUBA	8580	SUOR	1950	TOFA	6909	TOSI	8412
SUBI	8770	SUPO	6310	TOFE	9433	TOSU	4650

RÉVÉLATIONS

→ 0050

Vous déplacez le coffre pour l'inspecter sous tous les angles, mais vous ne remarquez rien d'intéressant.

→ 0080

Cette bibliothèque, qui occupe près de la moitié d'un pan de mur de la cabine de Victor Collins, déborde d'ouvrages en tous genres : romans, récits de voyages, livres illustrés sur le Japon, polars de toutes nationalités... Sur l'étagère centrale, les tomes d'une encyclopédie, numérotés de 1 à 9, attirent votre attention : chacun des livres peut s'enfoncer indépendamment, de manière à former une combinaison... Se pourrait-il que la bibliothèque de Victor Collins cache quelque chose ?

→ 0107

L'avez-vous regardée en détail, pour tenter de la démonter ?

→ 0187

« Nous avions, avec Victor Collins, ce goût commun pour la lecture et l'écriture ! Comme lui, je suis un grand amateur de littérature japonaise ! »

→ 0207

Même si ça n'est guère agréable, un examen complet du corps de la victime reste le point de départ le plus efficace d'une enquête. Le Dr. Mayfield pourra d'ailleurs sans doute vous apporter son expertise.

→ 0240

Si vous souhaitez positionner le disque sur un autre objet, il vous suffit de l'utiliser avec l'objet en question.

→ 0340

Pour utiliser le couteau suisse sur le bouchon, vous devez vous reporter à la combinaison obtenue en remplaçant le premier chiffre (0) de ce paragraphe par le numéro correspondant à la fonctionnalité choisie sur votre couteau suisse.

→ 0350

Quelle fonction du couteau-suisse vous semble la plus adaptée ? Remplacez le premier chiffre de ce paragraphe (0) par le numéro de la fonction en question pour connaître le résultat de votre action.

→ 0370

Vous commencez à feuilleter rapidement le livre et un morceau de papier, qui devait servir de marque-page, tombe sur le sol :

> *Règles du Futoshiki*
> *(casse-tête japonais ancestral)*
>
> *- Dans une grille de 5 cases sur 5, les chiffres de 1 à 5 doivent être inscrits dans chaque ligne et chaque colonne, une seule fois chacun.*
> *- Les symboles “ < ” ou “ > ” qui figurent entre les cases imposent des inégalités que doivent obligatoirement respecter les chiffres correspondants.*

Si vous souhaitez lire une page particulière du livre de James Franklin, il vous suffit de vous reporter à la combinaison obtenue en additionnant le numéro de ce paragraphe (**0370**) et le numéro de la page en question (ne cherchez pas inutilement, une seule page renvoie à un paragraphe cohérent).

→ 0491

Et sinon, vous avez d'autres idées de génie dans le même genre ?

→ 0504

Vous déposez le disque sur le gramophone, intrigué à l'idée de découvrir de quel type de musique il peut bien s'agir. Manque de chance : le gramophone ne semble pas se mettre en marche. Que se passe-t-il donc ?

→ 0530

Inutile, vous ne parviendrez pas à crocheter le secrétaire avec ce couteau suisse.

→ 0660

Avec l'aide du Dr. Mayfield, vous déplacez précautionneusement le corps sans vie de Victor Collins. Vous examinez le fauteuil, passant la main entre les plis du tissu à la recherche d'indices éventuels, hélas sans succès...

→ 0665

Vous parcourez la page 295 dans le livre de James Franklin :

détective Miller, bien décidé à confondre le coupable, avait convoqué les quatre suspects au manoir Doyle, sur les lieux mêmes du crime. Il le savait par expérience : neuf fois sur dix, l'assassin faisait partie de l'entourage direct de la victime. Cette nouvelle affaire ne ferait donc pas exception à la règle !

La pendule sonnait six heures quand les invités prirent place dans les fauteuils du grand salon. Un silence de mort régnait dans la pièce mal éclairée. Il ne restait plus qu'à attendre que l'inspecteur Wargrave de Scotland Yard daigne enfin se présenter.

Comme à son habitude, Wargrave arriva avec cinq bonnes minutes de retard. Ce grand dadet, engoncé dans son costume trois pièces mal taillé, était non seulement la risée de la police, mais son incompétence notoire commençait déjà à dépasser les frontières de la ville. Pour sûr, avec pareil enquêteur, l'assassin pourrait dormir encore longtemps sur ses deux oreilles...

Maintenant que les invités étaient au complet, le détective Miller se décida à prendre la parole.

Meurtre parfait 295

→ 0690

James Franklin a décoré sa cabine en collant au mur une affiche représentant la couverture de son best-seller. Tiens, un des coins du poster semble déjà se décoller...

→ 0730

Quelle fonction de votre couteau-suisse souhaitez-vous utiliser cette fois ? Après avoir trouvé le bon outil, remplacez le premier chiffre de ce paragraphe (**0**) par la fonctionnalité en question.

→ 0794

À nouveau, vous tentez de faire bouger la bibliothèque... Victoire ! Elle coulisse cette fois sans effort le long du mur de la cabine, révélant de nouvelles étagères. En plein milieu, un **livre** **LI** à la couverture jaune et noire attire tout particulièrement votre attention !

→ 0800

Rien à signaler visuellement sur la bibliothèque depuis que vous avez enfoncé les différents tomes de l'encyclopédie et entendu ce déclic.

→ 0850

Maintenant que le tonneau est vide, le déplacer est un jeu d'enfant ! Vous parvenez désormais à atteindre une **corde** **OR**.

➜ 0880

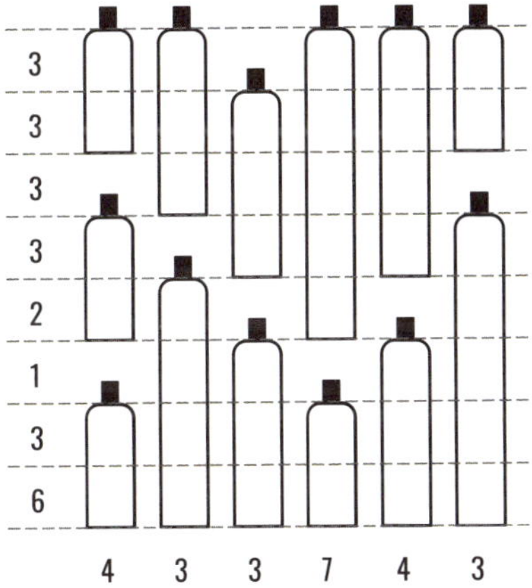

Sur les étagères du bar trônent plus d'une douzaine de bouteilles de vin. Autour d'elles, en regard de chaque rangée et sous chaque colonne, des numéros ont été inscrits à la craie :

Que signifie donc cette curieuse habitude ?

Sous les étagères, vous remarquez également un petit tiroir, fermé par un cadenas à quatre chiffres, ainsi qu'une note manuscrite des plus laconiques : « Volumes restants des 4 plus grands crus ».

➜ 0943

« Désolé, je n'ai vraiment rien à vous dire sur le sujet. »

➜ 1020

Cette éponge n'a pas été utilisée depuis longtemps : elle est toute sèche. Elle vous sera certainement plus utile si vous l'humidifiez un peu !

➜ 1070

Cette carte marine est indispensable pour ouvrir le coffre. L'avez-vous bien observée des deux côtés ? En reportant les étendards des pirates, rappelés sur le coffre, sur les bonnes zones de la carte, vous devriez voir des chiffres se former...

→ 1098

Vous essayez d'ouvrir le portefeuille, mais la fermeture à glissière est coincée. Quel manque de chance ! Il faudrait trouver un moyen de débloquer cette satanée tirette...

→ 1107

Maintenant que le tonneau est vide, vous devriez aisément pouvoir le déplacer. Et n'oubliez pas de vérifier s'il ne renferme pas un objet...

→ 1170

Vous avez trempé la cale, c'est vrai, mais cette eau vous sera utile pour humidifier un objet au cours de votre enquête.

→ 1246

« Non, ça ne me dit rien, désolé... »

→ 1298

Allons, inspecteur, ressaisissez-vous !

→ 1350

L'idée n'est pas mauvaise, mais retirer une seule vis ne vous suffira pas à ôter le capot de la machine à écrire... Combien de fois faudrait-il réitérer l'opération ?

→ 1368

Pour ouvrir le tiroir du bar, vous aurez besoin de l'aide de Giulia Carsini. Une fois qu'elle vous aura livré des indications, tentez de résoudre le casse-tête en commençant par la dernière ligne (toutes les portions de cette ligne sont forcément pleines) et la quatrième colonne (toutes les portions sont remplies également). Gardez bien à l'esprit qu'aucune bouteille n'est vide ! Chaque bouteille a donc au moins une portion remplie (qui est, en toute logique, obligatoirement celle du bas).

→ 1520

La moquette défraîchie qui recouvre le sol de la cabine de Victor Collins vous paraît d'un goût douteux. Vous observez les motifs, en essayant de trouver une quelconque logique... Dans un coin de la pièce, vous remarquez qu'une des dalles de moquette semble commencer à se décoller.

→ 1627

Pour accéder au mécanisme du gramophone, il faudrait d'abord trouver une petite trappe de protection. Avez-vous bien examiné l'appareil sous tous les angles ?

→ 1657

Deux roues dentées en contact tournent dans un sens opposé, tandis que deux roues dentées dont les axes sont reliés par une courroie tournent dans le même sens.

→ 1688

Vous frottez le savon sur la fermeture à glissière récalcitrante. Victoire ! Vous parvenez à dégripper le mécanisme et à ouvrir le portefeuille. À l'intérieur, vous découvrez une épaisse liasse de billets (maintenus par deux **élastiques** EL, que vous mettez de côté) ainsi que plusieurs documents, que vous pouvez consulter par l'intermédiaire des paragraphes indiqués ci-dessous :

– une **note** pliée en quatre et tapée à la machine à écrire : **8174**

– des **cartes de visite** au nom de la victime : **6530**

→ 1723

Pour résoudre le casse-tête, commencez par rechercher 5 cases adjacentes, toutes séparées par le même signe d'inégalité. Vous pourrez ensuite aisément placer les chiffres de

1 à 5 dans ces cases. En voici un exemple (et il y en a d'autres...) :

→ 1730

Ce secrétaire à rideau coulissant devait servir de bureau à feu Victor Collins. Il est également fort probable qu'il renferme certains des secrets que la victime a emportés dans sa tombe... Pour le savoir, une seule solution : trouver la combinaison à quatre chiffres qui permettrait de déverrouiller le rideau coulissant…

→ 1800

Essayez plutôt d'utiliser l'éponge sur un autre objet.

→ 1850

De toutes vos forces, vous tentez de déplacer le tonneau. Peine perdue : rempli, il est bien trop lourd !

→ 1879

Vous tentez d'ouvrir l'attaché-case à l'aide de l'année de construction du *Greenway*... Il y a de l'idée, mais avez-vous bien pris en compte l'indication de Collins inscrite sur sa carte de visite ? Si vous avez besoin d'un indice supplémentaire, rendez-vous au paragraphe **9781**.

→ 1908

« Je vous en prie, dispensez-moi de ce triste spectacle. Victor Collins et moi partagions une passion pour les grands vins français ! Il possède une cave d'une valeur inestimable ! »

→ 1950

Inutile de chercher à découper cette corde, elle vous sera bien plus utile entière qu'en morceaux !

→ 1996

Pour ouvrir le secrétaire, jetez donc un œil à la moquette. La disposition des dalles n'est pas anodine, et un élément contenu dans un livre caché dans la bibliothèque devrait vous aider...

→ 2000

James Franklin blêmit devant vos accusations :

« Oui, je le reconnais, Victor Collins me faisait chanter. Bien sûr, cela me donne un mobile... Mais je ne l'ai pas tué pour autant et, d'ailleurs, vous n'avez aucune preuve, inspecteur ! Je l'affirme, je n'ai pas quitté ma cabine cette nuit. Ce n'est pas moi qui ai donné rendez-vous à Collins dans le petit salon. Je ne suis pas coupable !
– Dans ce cas, j'imagine que vous ne verrez aucun inconvénient à ce que je fouille votre cabine ? »
Pris de court, l'écrivain ne trouve pas de raison à s'opposer à votre requête. Rendez-vous en **salle** **S4** pour découvrir la cabine de Franklin et tenter d'y dénicher une preuve suffisante pour l'inculper !

→ 2007

Pour ouvrir l'attaché-case, il vous faudra au préalable avoir déniché le portefeuille de la victime et examiné son contenu. Une fois que cela sera fait, vous pourrez obtenir un indice supplémentaire sur la combinaison de l'attaché-case au paragraphe **9781**.

→ 2040

Maintenant que votre éponge est gorgée d'eau, vous pourriez vous en servir pour décoller du papier peint ou une affiche !

→ 2045

« C'est la machine à écrire que j'emporte en voyage pour travailler sur le manuscrit de mon prochain roman policier. »

→ 2060

Bien tenté, mais la corde est tout juste assez longue pour atteindre la poutre. En l'état, vous ne parvenez pas à faire en sorte que l'extrémité de la corde puisse y rester accrochée.

→ 2107

Pour pouvoir le déplacer, il faudrait au préalable réussir à le vider de son contenu. Et une fois que cela sera fait, n'oubliez pas de jeter à nouveau un œil à l'intérieur...

→ 2160

Il s'agit d'une corde tressée en chanvre, matière particulièrement appréciée des marins pour sa résistance à l'eau de mer.

→ 2178

Après avoir enfoncé, dans l'ordre, les tomes 2, 1, 7 et 8 de l'encyclopédie, un léger déclic se fait entendre. Se pourrait-il que vous ayez débloqué un mécanisme secret ? Désormais, pour toute action sur l'armoire, vous devrez vous reporter au paragraphe correspondant en lisant les chiffres de la combinaison correspondante, mais dans le sens inverse...

→ 2190

Cela ne rime à rien... Autant se faire la malle !

→ 2200

Passer un coup d'éponge sur l'affiche, de façon à l'humidifier et la décoller sans l'abîmer ? Pas bête du tout comme technique ! Malheureusement, votre éponge est sèche, archisèche !

→ 2380

Quelle idée... Vous risqueriez de vous électrocuter !

→ 2444

Vous parvenez à ouvrir l'attaché-case de Collins ! Bien joué ! À l'intérieur, vous découvrez la clé de la cabine de la victime, ainsi qu'un morceau de papier sur lequel vous reconnaissez l'écriture du collectionneur. Il y a écrit :

« Incroyable ! Je viens de réaliser que si l'on multiplie par 4 la combinaison de la bibliothèque, on retombe sur le même nombre, écrit à l'envers ! »

Vous pouvez désormais poursuivre votre enquête en explorant la **cabine de Victor Collins** en **S3**.

→ 2468

Vous interrogez Giulia Carsini, l'œnologue réputée, au sujet du bar et des bouteilles.

« La réserve de Victor Collins est impressionnante, n'est-ce pas ! Vous voyez ces nombres inscrits dans les marges, inspecteur ? Ils permettaient à Collins de connaître le nombre de portions de bouteilles remplies dans la ligne ou la colonne en question. Ainsi, malgré l'opacité du verre, il connaissait les niveaux de chaque bouteille, c'est-à-dire le nombre de portions de bouteilles remplies de vin. Et bien entendu, il ne gardait aucune bouteille vide ! »

Et Giulia Carsini de poursuivre, avec ce délicieux accent italien :

« Et Collins avait bien raison de surveiller les quantités restantes. Il y a parmi ces bouteilles des vins inestimables ! Voyez plutôt : ce château-margaux, ce saint-émilion, ce petrus et ce château-d'yquem sont, dans cet ordre, les crus les plus réputés. »

Sur votre petit carnet, vous prenez bonne note des conseils de l'œnologue et la remerciez pour sa collaboration.

→ 2491

Ce n'est pas une idée digne du fin limier que vous êtes...

→ 2504

Vous déposez le disque sur le gramophone enfin réparé. Alors que vous vous attendiez à entendre une musique résonner dans la cabine, vous réalisez que le disque contient en fait l'extrait d'une conversation entre deux hommes :
« Car, voyez-vous, j'ai découvert d'où vous tiriez cette imagination débordante… D'un auteur japonais de polar, encore peu traduit dans notre langue, et dont vous plagiez allègrement les textes ! Avouez que cela pourrait sévèrement entacher votre réputation : votre éditeur et votre public verraient cela d'un mauvais œil...
– Que proposez-vous, Collins ?
– Un virement mensuel de quelques milliers de livres sterling, en début de chaque mois, devrait vous permettre d'acheter mon silence... »
Voilà donc le mobile ! Et cet enregistrement devrait vous mettre sur la piste de l'assassin... Ne perdez pas de temps : l'heure est venue d'accuser votre suspect !

→ 2540

Ce bouchon de liège est presque totalement enfoncé dans le tonneau.

→ 2590

L'idée n'est pas mauvaise, mais il faudrait trouver un moyen d'appliquer l'eau de manière uniforme sur l'affiche.

→ 2727

Le couvercle du petit coffre est condamné par un cadenas. Impossible de l'ouvrir sans connaître la combinaison à quatre chiffres.

→ 2746

« Quelle tragédie... Victor Collins et moi nous nous connaissions depuis plusieurs années ! Il appréciait beaucoup mes romans et nous nous étions rencontrés à New York, à l'occasion d'une séance de dédicaces. Nous avions immédiatement sympathisé et Collins m'invitait régulièrement à bord de son voilier. »

→ 2800

Pourquoi vous en prendre à ce livre ? Il vous semble si mauvais que cela ?

→ 2910

Au dos de la carte figurent les noms de trois pirates et, pour chacun, une liste de navires. Se pourrait-il qu'il s'agisse de leurs prises respectives ?

Barbarossa	*Captain Kidd*	*Blackbeard*
- Hurricane	*- Bourbon*	*- Iron Duke*
- Piercer	*- Talisman*	*- Licorne*
	- Belmont	*- Hermione*

→ 2934

« Je ne peux vraiment pas vous aider, désolé. »

→ 2954

Si vous avez trouvé la bonne page du livre, suivez les indications gravées sur la malle : elles vous indiqueront la ligne et le mot à prendre en compte...

→ 2990

Ces élastiques vous seront plus utiles d'un seul tenant !

→ 3000

« Je vous assure que je n'aurais jamais assassiné Victor Collins... D'ailleurs, le capitaine pourra vous le confirmer : le cigare fumé dans le petit salon m'a rendu malade, et j'ai passé la plus grande partie de la nuit sur le pont, la tête penchée par-dessus la rambarde... »
Vous compatissez et devez vous soumettre à une pénalité de 15 minutes, le temps de vous confondre en excuses.

→ 3019

« Je ne sais même pas de quoi il s'agit. »

→ 3020

Déplacer de l'eau n'est pas chose aisée : il vous faudrait trouver un moyen d'absorber le liquide.

→ 3070

Avez-vous cherché à ouvrir le livre pour voir si rien ne s'y cachait ?

→ 3121

La combinaison obtenue en vous fiant aux volumes restants dans les meilleures bouteilles permet de déverrouiller le cadenas et d'accéder au contenu du tiroir ! Alors que vous espériez y découvrir des objets de valeur, vous ne trouvez en fin de compte qu'une vulgaire **éponge** GE et un morceau de **savon** SA...

→ 3130

Si vous souhaitez jeter le grappin, combinez-le avec l'autre objet vers lequel vous voulez le lancer.

→ 3207

Avec quel objet pourriez-vous associer cette ancre pour vous sortir d'ici ?

→ 3230

Inutile de chercher à faire des copeaux de savon, utilisez-le en entier !

→ 3390

Cette vieille malle de rangement, en bois d'acacia et aux poignées de transport en laiton, est protégée par un cadenas. Inutile de compter sur Franklin pour vous en livrer la combinaison à quatre chiffres...

→ 3420

Votre couteau suisse fétiche, qui vous suit où que vous alliez, possède différentes fonctions et vous a permis de vous tirer de situations bien pires que celle-ci !

Fonctionnalités
1. Tournevis plat
2. Ciseaux
3. Couteau
4. Scie
5. Décapsuleur
6. Tournevis cruciforme
7. Tire-bouchon

→ 3550

Vous soulevez la machine à écrire. Non, il n'y a rien en dessous...

→ 3580

Cette petite lampe de chevet éclaire la cabine.

→ 3600

Si vous souhaitez déplacer l'éponge humide sur un objet, il vous suffit d'utiliser l'éponge sur l'objet en question, puis de multiplier par deux la combinaison obtenue. Mais dépêchez-vous, vous allez encore mettre de l'eau partout...

→ 3660

« Ce pauvre Victor Collins... Assassiné... Quand j'ai découvert le corps, à mon réveil, vers six heures, je suis tout de suite allé réveiller les autres invités, qui étaient encore endormis. »

→ 3770

Vous vous lancez dans un examen approfondi des engrenages du gramophone, pour tenter de comprendre ce qui peut perturber le mécanisme. Vous n'êtes pas un expert en la matière, mais il vous semble bien que deux courroies sont manquantes...

→ 3790

Envie de shampouiner la moquette ? Concentrez-vous plutôt sur cette affaire !

→ 3870

Vous aurez le temps de le ranger à sa place plus tard. Reprenez d'abord le cours de votre enquête.

→ 3930

Vous inspectez le gramophone sous tous ses angles. À l'arrière de l'appareil, vous remarquez une petite plaque métallique maintenue par une simple vis cruciforme. Voilà qui doit certainement permettre d'accéder au mécanisme du phonographe !

→ 3950

Vraiment ? Allons, ça n'a strictement aucun sens...

→ 3960

L'ancre de navire retrouvée dans le coffre est couverte de rouille. À son extrémité, un trou permet d'y attacher une chaîne ou un cordage.

→ 4000

« Je vous assure que je n'aurais jamais assassiné Victor Collins... D'ailleurs, il faut que je vous fasse une confidence. J'ai un alibi : j'ai passé la nuit avec Giulia Carsini... »

L'œnologue confirme aussitôt... En guise de pénalité, vous devrez ajouter 15 minutes à votre chrono final.

→ 4007

Pour ouvrir ce coffre, vous devrez étudier avec attention la carte marine !

→ 4040

Rangez ce couteau suisse tout de suite, vous risqueriez de creuser de nouveaux sillons !

→ 4090

« C'est bien le portefeuille de Victor Collins. Je me souviens que, pas plus tard qu'hier, il pestait encore à cause d'un souci avec cette fermeture à glissière... »

→ 4101

Il s'agit des deux bracelets en caoutchouc qui entouraient les billets dans le portefeuille de la victime.

→ 4123

Bravo, votre réparation semble fonctionner ! Le gramophone étant réparé, vous devez ajouter **2000** à toutes les actions qui impliquent l'appareil.

→ 4200

Cette éponge devait servir à nettoyer les verres du bar.

→ 4220

« Monsieur Collins a fait poser cette moquette il y a plusieurs années. Il a d'ailleurs acheté ce secrétaire à la même époque. »

→ 4322

En vous basant sur les chiffres du casse-tête japonais géant tracé sur le sol de la cabine, vous parvenez à ouvrir le secrétaire ! Vous épluchez la correspondance de Collins sans rien y trouver de pertinent pour votre enquête, avant de vous intéresser à son livret de comptes. Tiens, tiens... Tous les mois, à date fixe, le collectionneur d'art recevait un mystérieux versement de dix mille livres sterling sur son compte bancaire... Se pourrait-il que le collectionneur d'art ne soit pas aussi respectable qu'il y paraissait ?

Alors que vous vous apprêtiez à refermer le secrétaire, vous dénichez finalement un **disque** **D I**, caché dans le double-fond d'un tiroir...

→ 4349

Il doit y avoir un moyen de décoller cette affiche du mur. Un peu comme on décolle du papier peint...

→ 4392

Ne vous égarez pas ! L'affaire est sérieuse : il faut absolument confondre le meurtrier !

→ 4400

Vous passez l'éponge gorgée d'eau sur l'affiche, qui s'humidifie petit à petit et commence à se décoller. Bien joué ! Au verso de l'affiche, vous remarquez dans un coin, en petits caractères, l'inscription « p. 295 ».

→ 4460

Mais vous savez que vous êtes parfois terrifiant...

→ 4520

Cette poutre, située à près de quatre mètres de haut, fait partie de la charpente du navire. Si vous parveniez à l'atteindre, vous pourriez prendre appui dessus pour relever la trappe qui mène au pont principal.

→ 4596

Avant de pouvoir utiliser le gramophone, il vous faudra le démonter pour le réparer...

→ 4638

La lumière produite par la lampe vous aidera à mieux voir par transparence.

→ 4650

Sur quelle partie du tonneau souhaitez-vous utiliser votre couteau suisse fétiche ?

→ 4799

Vous optez pour une réparation de fortune, en utilisant les deux élastiques trouvés dans le portefeuille de la victime. Reste encore à savoir où les placer...

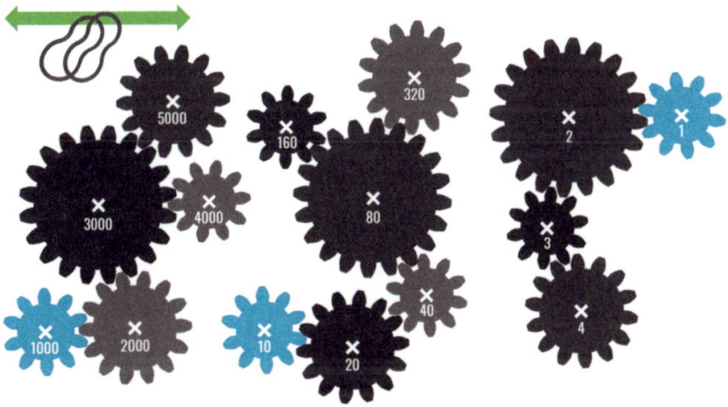

Pour que le gramophone se remette en marche, il faut que les trois engrenages bleus du schéma tournent dans le même sens. Chaque élastique doit relier deux axes et possède une longueur maximale indiquée par la flèche verte (au-delà de cette distance, l'élastique risque de rompre...).
En ajoutant les nombres indiqués sur les 4 engrenages reliés par des élastiques, vous pourrez vérifier si votre réparation est efficace.

→ 4831

« Si je savais quelque chose concernant cet objet, croyez bien que je vous en parlerais volontiers. »

➜ 4840

Vous ne viendrez pas à bout de ce coffre avec un tel outil, malheureusement...

➜ 4850

Le tonneau s'est vidé et le sol est trempé...

➜ 4970

Flairant une cachette ou un mécanisme secret, vous essayez de déplacer la bibliothèque. Hélas, elle semble coincée et ne bouge pas d'un centimètre...

➜ 5000

« Mais pourquoi m'accuser, inspecteur ? Je peux prouver que je n'ai pas tué Victor Collins : le Dr. Mayfield a passé la nuit avec moi... Je vous en prie, gardez cela pour vous ! » Vous écopez donc d'une pénalité de 15 minutes...

➜ 5050

Ce petit coffre trouvé à l'intérieur du tonneau pèse un certain poids. Un cadenas, qui attend une combinaison à quatre chiffres, empêche son ouverture. Au sommet du couvercle, une plaque métallique dorée rappelle les étendards noirs et blancs de trois grands corsaires...

→ 5107

Il vous faudrait attacher quelque chose au bout de cette corde pour réussir à atteindre la poutre.

→ 5149

« C'est effectivement une reproduction de la couverture de mon roman. Vous voulez une dédicace, inspecteur ? »

→ 5240

Il s'agit d'un disque microsillon d'une trentaine de centimètres de diamètre.

→ 5380

Vous retirez le couvercle du tonneau vide et jetez un œil à l'intérieur. Riche idée ! Vous y découvrez un petit **coffre** **C0**, encore tout humide après son long séjour dans l'eau.

→ 5430

Ce morceau de savon encore humide, découvert dans le tiroir du bar, doit être destiné à l'entretien des sols et autres surfaces du navire.

→ 5480

Eau et appareils électriques font rarement bon ménage !

→ 5590

Vous risqueriez de déchirer totalement l'affiche en vous y prenant de cette façon. Il faudrait trouver un moyen de la décoller proprement...

→ 5705

Allons, allons... Essayez de trouver quelque chose de plus logique !

→ 5750

Inutile d'essayer de rapprocher le tonneau de la poutre pour tenter de l'atteindre. Avec ce roulis, vous risqueriez à coup sûr de vous faire encore plus mal !

→ 5813

« Je ne peux rien vous dire à ce sujet... »

→ 5850

Ce large fût de chêne devait, à l'âge d'or des pirates, permettre de transporter de divins nectars... À sa base, à quelques centimètres à peine du sol, vous remarquez un **bouchon** B0 et, derrière le tonneau, vous apercevez un enchevêtrement de cordages, malheureusement inaccessibles pour l'instant.

→ 5863

Fébrilement, vous saisissez la combinaison sur le cadenas du coffre, qui finit par s'ouvrir ! À défaut d'un trésor, vous découvrez une vieille **ancre de bateau** AN à l'intérieur.

→ 5880

N'y pensez même pas ! Vous risqueriez d'abîmer une pièce à conviction.

→ 5910

Vous retournez le livre pour consulter la quatrième de couverture : « Dans cette nouvelle enquête, le détective Miller devra déjouer les plans d'un redoutable et diabolique assassin, convaincu d'avoir commis le meurtre parfait. »

→ 6070

La disposition de la moquette correspond à un casse-tête japonais ancestral, dont les règles sont expliquées dans un livre caché dans la bibliothèque. Si vous avez besoin d'un indice supplémentaire pour résoudre le casse-tête, rendez-vous en 1723.

→ 6150

« Il s'agit bien d'un de mes best-sellers, inspecteur. Je l'ai dédicacé et offert à Collins lors d'une de nos premières rencontres. »

→ 6310

Vous n'envisagez tout de même pas sérieusement de scier cette poutre avec votre couteau suisse ?

→ 6380

Vous soulevez le couvercle. À l'intérieur du tonneau à moitié rempli, vous n'apercevez rien d'autre qu'une eau saumâtre...

→ 6420

Vous dépliez la carte marine trouvée dans la cale. Votre aventure prend des allures de chasse au trésor, car cette carte indique la position de pas moins de huit épaves…

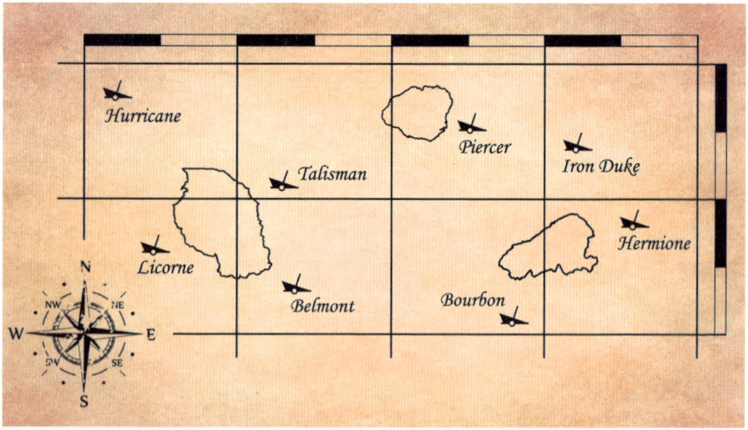

Avant de ranger la carte, vous remarquez par transparence que des indications semblent écrites au verso.

→ 6440

Vous essayez de retirer le bouchon à la main, mais il est enfoncé bien trop profondément dans le bois du tonneau.

→ 6460

Faites travailler vos petites cellules grises !

→ 6500

Que comptez-vous faire ? Du découpage ?

→ 6520

Cette eau saumâtre s'est répandue sur le sol de la cale lorsque vous avez retiré le bouchon du tonneau. Il faudrait une serpillière et quelques heures de travail pour remettre la cale à sec.

→ 6530

Sur sa carte de visite, Victor Collins a écrit un curieux message :

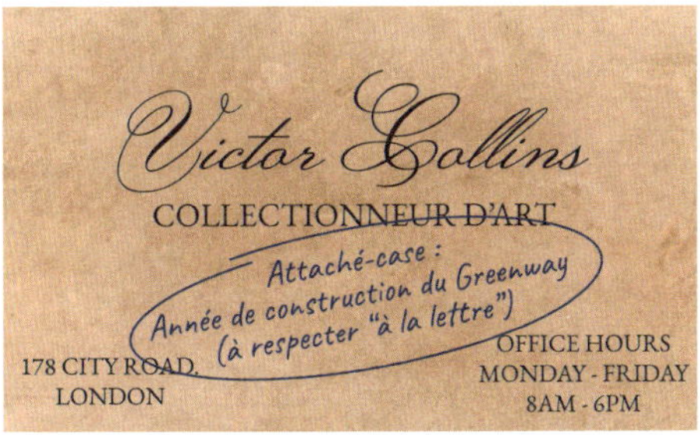

→ 6538

Vous approchez le ruban de carbone de la source lumineuse, faisant ainsi éclater la vérité :

R D V A U B A R À 2 H

Franklin ne pourra plus prétendre être resté toute la nuit dans sa chambre : il avait bien donné rendez-vous à Collins dans le petit salon ! La preuve est irréfutable, bravo ! Vous pouvez désormais découvrir la conclusion de votre enquête.

→ 6596

Le gramophone est réparé : il ne reste plus qu'à trouver un disque pour l'essayer !

→ 6619

Pour ouvrir la malle, regardez-la sous tous les angles et cherchez à décoller l'affiche sur le mur. Si vous avez ensuite besoin d'un autre indice, consultez le paragraphe **2954**.

→ 6630

Vous déplacez le secrétaire de façon à vérifier si la victime n'aurait pas laissé de précieuses informations derrière le meuble, mais vous ne trouvez rien d'intéressant...

→ 6638

La lampe est déjà allumée.

→ 6660

Vous vous penchez sur le corps de Victor Collins pour procéder aux premières constatations : teint pâle et froid, absence de pouls carotidien... Pas de doute, votre hôte est bel et bien décédé ! Il faudrait l'avis d'un médecin pour en apprendre davantage sur les causes de la mort. Vous fouillez rapidement les poches de la victime à la recherche d'indices éventuels : rien à signaler, pas même les clés de sa cabine... À l'intérieur de son veston, vous découvrez finalement un **portefeuille** FE.

→ 6730

Vous retirez la vis qui retient la plaque et vous accédez aux entrailles du gramophone : à l'intérieur de l'appareil, vous distinguez un complexe agencement d'**engrenages** RE...

→ 6740

« J'en suis certain, il s'agit de l'attaché-case de Monsieur Collins. Il en changeait régulièrement la combinaison, mais comme il n'avait pas une excellente mémoire, il gardait toujours sur lui un moyen mnémotechnique pour pouvoir la retrouver. Pour cela, il utilisait toujours des tas d'énigmes dont il était friand. »

→ 6750

En retirant les cinq vis, vous accédez au mécanisme de la machine à écrire. Avec précaution, vous récupérez le **ruban encreur au carbone** RU.

→ 6896

Maintenant que vous avez construit ce grappin, vers quel objet situé en hauteur pourriez-vous le lancer ?

→ 6909

« Pourquoi me montrez-vous cet objet ? »

→ 6930

« Ah, le gramophone de Monsieur Collins ! Il adorait écouter de la musique pour s'endormir. Malheureusement, il m'a récemment confié que l'appareil était cassé. Il souhaitait le faire réparer prochainement. »

→ 6996

Maintenant que vous avez déniché ce disque, il ne vous reste plus qu'à l'écouter !

→ 7030

Vous faites tournoyer votre grappin dans les airs et le lancez en direction de la poutre. Au bout de plusieurs tentatives, vous réussissez finalement à atteindre votre objectif. Après avoir vérifié que votre grappin était solidement ancré, vous vous hissez le long de la corde et, en appui sur la poutre, vous parvenez à atteindre la trappe qui mène au pont principal. Attiré par le bruit, Theodore Brandt accourt dans votre direction. À en croire sa mine déconfite, votre disparition n'est pas la seule mauvaise nouvelle de la nuit... Sans prendre la peine de vous demander pourquoi vous vous trouviez dans la cale au beau milieu de la nuit, il vous entraîne en direction de la proue du navire : « Venez vite, inspecteur, je crains qu'il ne soit arrivé quelque chose de terrible ! ». Lorsque vous pénétrez dans le petit salon, les autres invités sont en effet déjà réunis autour d'un bien triste spectacle... Vous pouvez désormais découvrir la suite de votre aventure en vous reportant à la **salle** S2.

→ 7060

Vous devriez plutôt essayer de combiner la corde avec un autre objet.

→ 7090

Le portefeuille de feu Victor Collins est un modèle en cuir épais cousu main, de fort belle facture. Une solide fermeture à glissière permet d'en protéger le contenu.

→ 7330

Le savon est déjà un peu humide.

→ 7340

À l'aide du tire-bouchon de votre couteau suisse, vous parvenez à retirer le bouchon. Aussitôt, des dizaines de litres d'**eau** EA se répandent dans la cale. Bravo, vous êtes enfermé depuis quelques minutes à peine et le bateau commence déjà à prendre l'eau... Au moins, ce tonneau sera moins lourd, désormais ! Pour matérialiser cette différence de poids, vous devrez dès lors retirer **1000** à toutes les combinaisons correspondant à des actions qui concernent le tonneau.

→ 7399

Cela pourrait être utile pour une réparation de fortune, mais sur quelle partie du gramophone souhaiteriez-vous utiliser ces élastiques précisément ?

→ 7540

Un si bel attaché-case, vraiment ? Et n'oubliez pas qu'il s'agit d'une pièce à conviction !

→ 7727

Il doit effectivement être possible de démonter une partie de la machine. L'avez-vous bien examinée ?

→ 7732

« Non, désolé, inspecteur, je ne sais rien à ce sujet. »

→ 7829

Maintenant que le mécanisme de la bibliothèque est déverrouillé, il vous suffit d'essayer de la pousser !

→ 7843

Mais où diable voulez-vous en venir ?

→ 7860

Vous devriez plutôt tenter de combiner cette ancre avec un autre objet.

→ 7930

Ce gramophone en noyer, au pavillon de métal chromé, a énormément de cachet ! Vous seriez bien curieux de découvrir la qualité sonore de l'appareil, mais vous ne trouvez aucun disque à proximité.

→ 7970

« Monsieur Collins adorait la lecture ! »

→ 8005

C'est ça... Et pendant ce temps, l'assassin court toujours !

→ 8107

Ce ruban garde la trace de tout ce qui a été tapé à la machine...

→ 8130

Le grappin que vous avez confectionné à l'aide de l'ancre marine et de la corde semble d'une solidité à toute épreuve. Reste maintenant à tester son efficacité...

→ 8174

Cette note, qui a certainement été tapée à la machine à écrire par le meurtrier, évoque le rendez-vous nocturne entre Collins et son assassin :

« RENDEZ-VOUS AU BAR À 2H CETTE NUIT POUR DISCUTER DE NOS ARRANGEMENTS. »

→ 8179

Inutile, le bar est suffisamment propre !

→ 8290

Après avoir tourné la malle dans tous les sens, vous repérez, sur l'un de ses côtés, une série de chiffres gravés dans le bois : « 4.1 - 18.6 - 8.8 - 14.4 ».

→ 8400

L'éponge est gorgée d'eau !

→ 8412

« Ça ne m'évoque absolument rien. »

→ 8419

« Oh, j'ai bien peur d'avoir moi-même oublié la combinaison de cette vieille malle, inspecteur... »

→ 8420

Le livre découvert dans la bibliothèque secrète est un des best-sellers de James Franklin !

→ 8446

« Voyons voir... Convulsion, arrêt respiratoire, muscles tétanisés... Je penche pour un empoisonnement, inspecteur. Très certainement à la strychnine ! »

→ 8476

Vous attachez solidement une extrémité de la corde à l'ancre découverte dans le coffre : vous voilà en possession d'un **grappin** de fortune GA !

→ 8580

Rangez donc ce tire-bouchon et concentrez-vous sur votre enquête : vous avez mieux à faire que de vous servir un verre !

→ 8610

Voyons... Ça risquerait de l'abîmer !

→ 8740

Cet attaché-case sobre et élégant, flanqué des initiales V. C., possède sur sa tranche quatre molettes destinées à saisir une combinaison pour en permettre l'ouverture.

→ 8770

Utilisez vos méninges plutôt que les lames de votre couteau suisse !

→ 8827

Ouvrir le corps de la victime ? Êtes-vous sérieux ? Vous n'allez pas jusqu'à sous-entendre vouloir pratiquer une autopsie ici, quand même !

→ 8910

Vous entreprenez de retirer, l'une après l'autre, l'ensemble des dalles de moquette de la cabine, révélant un parquet bien plus à votre goût. Dans les coins de la pièce, quatre ronds de couleur ont été tracés à la peinture :

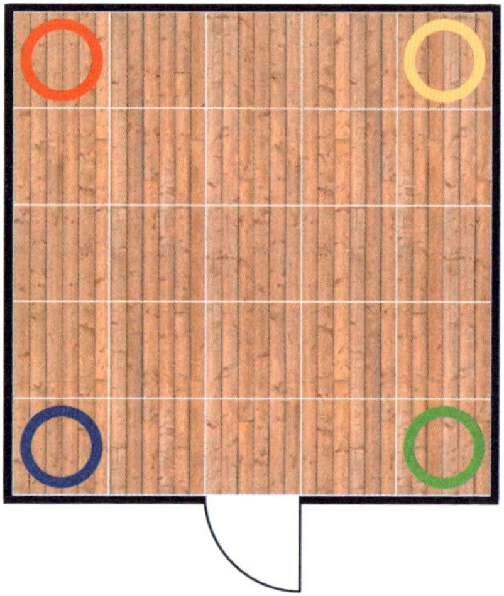

→ 8960

Au cours de chacune de vos aventures, ce couteau suisse a été votre plus précieux allié. N'hésitez pas à l'examiner pour découvrir toutes les fonctionnalités qu'il comporte.

→ 9010

Effectivement, elle n'est pas de bon goût, cette moquette... Mais de là à la lacérer...

→ 9070

Pour atteindre la poutre, il vous faudra construire votre propre grappin. Quels éléments pourraient vous aider ?

→ 9100

« De quoi s'agit-il ? Où avez-vous déniché cela ? »

→ 9213

Grâce aux chiffres trouvés dans le texte, vous parvenez à ouvrir la malle ! Votre enquête avance à grands pas, vous n'êtes certainement plus très loin de pouvoir définitivement confondre l'écrivain ! Dans la malle, vous découvrez une machine à écrire de voyage.

→ 9287

Il semblerait que la bibliothèque possède des étagères cachées. Pour y accéder, servez-vous du papier trouvé dans l'attaché-case de Collins et résolvez l'énigme en vous demandant d'abord quelles valeurs peuvent prendre les deux chiffres à l'extrémité de la combinaison.

→ 9360

Il s'agit du ruban retrouvé dans la machine à écrire. À chaque fois qu'une lettre est tapée, le carbone du ruban encreur se dépose sur la feuille.

➔ 9390

Votre couteau suisse a une fonction « décolleuse de papier peint », peut-être ?

➔ 9433

Inutile, vous perdez votre temps !

➔ 9527

Vous aimeriez bien pouvoir ouvrir ce secrétaire, mais pour cela il vous faudra trouver la bonne combinaison à quatre chiffres...

➔ 9550

Franklin emporte très certainement cette machine à écrire en voyage pour continuer à travailler sur ses romans. Sur le dessus de la machine, un capot retenu par cinq petites vis plates permet d'accéder au mécanisme.

➔ 9627

Le seul moyen d'ouvrir cet attaché-case serait de deviner le code à quatre chiffres à composer sur les molettes.

➔ 9630

« Victor Collins utilisait ce secrétaire comme bureau. Quand il était en mer, c'est là qu'il aimait travailler et traiter les affaires courantes. »

→ 9699

Ces élastiques peuvent facilement remplacer des courroies manquantes au milieu d'engrenages !

→ 9781

L'indication « à respecter "à la lettre" » qui figure sur la carte de visite doit vous inciter à compter le nombre de lettres de chaque chiffre de l'année de construction du *Greenway*...

→ 9790

À l'aide de l'éponge, vous tentez d'essuyer l'eau qui s'est déversée dans la cale lorsque vous avez retiré le bouchon du tonneau. Il vous faudrait une serpillière et un seau pour venir à bout du raz-de-marée que vous avez provoqué, mais vous voilà au moins avec une éponge humide. Elle a d'ailleurs doublé de volume : pour toute action impliquant l'éponge, il vous faudra dorénavant vous reporter au **double** de la combinaison initiale.

→ 9930

Vous avez remonté le gramophone après votre réparation. Il est comme neuf !

→ 9988

Recette de grand-mère pour venir à bout des fermetures à glissière récalcitrante : frotter les crans avec un peu de savon...

→ 9996

Vous ne parviendrez pas à enlever ce bouchon à la main, mais votre outil fétiche devrait pouvoir vous aider.

CONCLUSION

Attention ! Ne lisez le paragraphe suivant que si vous y avez été expressément invité !

Retour à Plymouth

Suite à la découverte du ruban encreur de la machine à écrire, James Franklin n'a pas eu d'autre solution que de reconnaître sa culpabilité.

Depuis plusieurs années, Victor Collins faisait chanter l'écrivain, après avoir découvert que celui-ci plagiait sans vergogne des auteurs de polars japonais. Las de verser des sommes d'argent considérables en échange du silence du collectionneur d'art, Franklin avait décidé de profiter de cette croisière en haute mer pour se débarrasser de son maître-chanteur. Pour être bien certain que vous n'alliez pas mettre à mal son plan, il s'était débarrassé de vous en vous droguant, avant de vous jeter dans la cale. Et lors du rendez-vous nocturne planifié avec Victor Collins, il avait versé quelques gouttes de strychnine dans le verre de cognac de son hôte, causant la mort par empoisonnement.

Élémentaire !

Compte tenu du décès de Collins, la croisière en haute mer a bien évidemment tourné court. Après avoir eu connaissance du meurtre, l'équipage a immédiatement remis le cap sur Plymouth, à votre grand soulagement. Lors de votre arrivée au port, la police, alertée par vos soins, était présente pour arrêter l'assassin.

Et depuis ce jour, vous vous êtes juré de ne plus jamais remettre le pied sur un bateau...

Le lendemain, de retour à votre bureau après ces vacances écourtées, vous épluchez le courrier reçu pendant votre absence. Au milieu de factures, une lettre d'une ancienne connaissance, M. Brook, retient votre attention.

Votre ami vous invite à l'accompagner pour un trajet en train, de Londres à Istanbul... Une expérience exotique et dépaysante, vous assure-t-il. Le billet, joint à la lettre, vous fournit les derniers détails du voyage : le train partira demain matin, plateforme 2, de la gare Victoria de Londres.

Dans un soupir, et sans même prendre le temps de la réflexion, vous déchirez le billet de train et le jetez à la poubelle...

Votre score

Pour calculer votre score, basez-vous sur votre chrono et sur le nombre d'indices utilisés au cours de la partie :

• Si vous avez terminé l'aventure :

	Moins de 60 min	Moins de 80 min	Moins de 100 min	Plus de 100 min
Aucun indice	★★★★★	★★★★⯪	★★★★☆	★★★☆☆
1 indice	★★★★⯪	★★★★☆	★★★⯪☆	★★⯪☆☆
2 indices	★★★★☆	★★★⯪☆	★★★☆☆	★★☆☆☆
3 indices ou +	★★★⯪☆	★★★☆☆	★★⯪☆☆	★⯪☆☆☆

• Si vous n'avez pas terminé l'aventure : vous ferez mieux une prochaine fois !

SOLUTIONS

Salle S1 - La cale

EXTO (**5850**) - Le tonneau possède à sa base un **bouchon** **BO**. Derrière le tonneau, vous apercevez des cordages.

DETO (**1850**) - Vous tentez de déplacer le tonneau pour atteindre la corde, mais il s'avère trop lourd.

OUTO (**6380**) - Vous jetez un œil à l'intérieur du tonneau : vous ne voyez que de l'eau.

DEBO (**6440**) - Vous ne parvenez pas à retirer le bouchon à la main.

EXSU (**3420**) - Votre couteau suisse fétiche possède différentes fonctions.

SUBO (**0340**) - Pour retirer le bouchon du tonneau, la fonction la plus adaptée de votre couteau suisse semble être le **tire-bouchon** (**7**). Vous devez donc vous référer au paragraphe **7340**.

7340 - Vous parvenez à retirer le bouchon. De l'**eau** **EA** se répand sur le sol au fur et à mesure que le fût se vide. Maintenant que le tonneau est plus léger, vous devez retirer **1000** de la combinaison obtenue pour toute action qui le concerne. Pour déplacer le tonneau vide, vous vous référez ainsi au paragraphe **1850** – **1000** = **0850**.

0850 - Vous parvenez à faire bouger le tonneau pour atteindre une **corde** **OR**. Vous décidez également de jeter à nouveau un œil à l'intérieur du fût vide : pour l'ouvrir, vous vous reportez désormais au paragraphe **6380** – **1000** = **5380**.

5380 - Au fond du tonneau vide, vous trouvez un **coffre** **CO**.

EXCO (**5050**) - Le coffre, sur lequel sont représentés les pavillons de trois pirates célèbres, est protégé par un cadenas qui attend une combinaison à 4 chiffres.

EXCA (**6420**) - Il est maintenant temps de s'intéresser à la carte marine retrouvée dans un coin de la cale. Sur son recto, elle indique la position de différentes épaves.

DECA (**2910**) - Le verso de la carte vous dévoile la liste des navires coulés par les corsaires. En reportant l'étendard d'un pirate sur la zone correspondant à sa prise, on peut voir les quatre chiffres de la combinaison du coffre apparaître en blanc : **5863**.

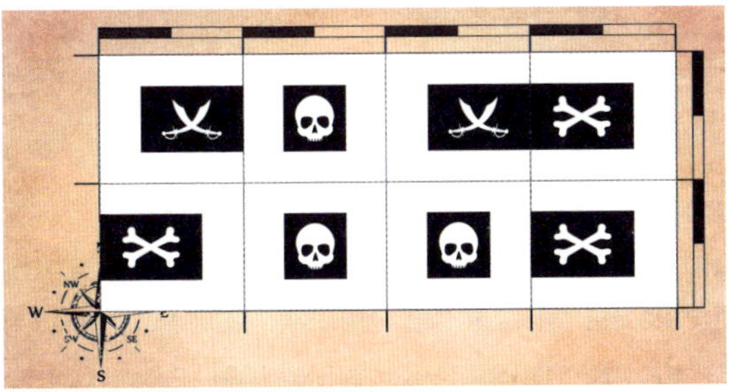

5863 - Le coffre s'ouvre. À l'intérieur, vous découvrez une **ancre** **AN**.

ANOR (8476) - Vous attachez la corde à l'ancre de façon à former un **grappin** GA.

GAPO (7030) - Vous parvenez à lancer le grappin sur la poutre et à regagner le pont principal. Le bras droit de votre hôte vous informe qu'un drame a eu lieu dans le **petit salon** S2...

Salle S2 - Le petit salon

EXMO (6660) - L'examen du corps ne vous révèle rien de concluant, mais vous trouvez le **portefeuille** FE de la victime. Pour en savoir plus, il faudrait demander son avis au médecin.

MOMY (8446) - Le médecin vous révèle que la victime a été empoisonnée à la strychnine.

OUFE (1098) - La fermeture éclair du portefeuille est malheureusement coincée.

EXAC (8740) - L'attaché-case est fermé. Le seul moyen de l'ouvrir est de trouver la combinaison à 4 chiffres qui permet de la déverrouiller.

EXBA (0880) - Le bar est encombré de bouteilles. Un petit tiroir est fermé par un cadenas qui attend, lui aussi, un code à 4 chiffres.

BASI (2468) - Vous interrogez l'œnologue au sujet du bar et des bouteilles. Elle vous révèle la position des quatre meilleurs crus et le rôle des chiffres inscrits en regard de chaque ligne et de chaque colonne sur le bar. Pour ouvrir le tiroir, il convient de retrouver le volume restant à l'intérieur de chaque bouteille selon ces indications. La seule combinaison possible est la suivante :

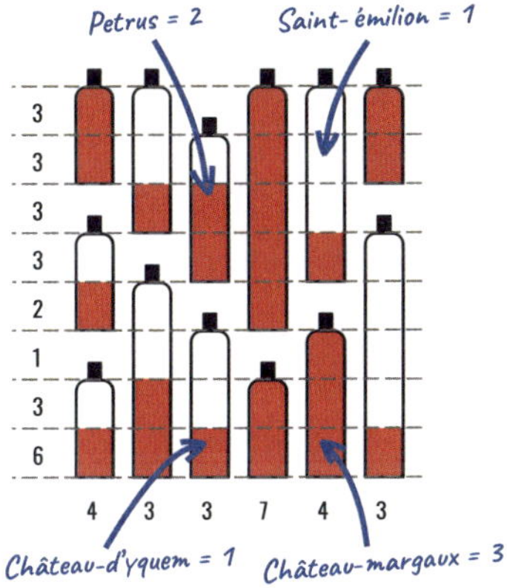

Les volumes restants des quatre plus grands crus (château-margaux, saint-émilion, petrus et château-d'yquem) sont donc **3 - 1 - 2 - 1**.

3121 - À l'intérieur du tiroir, vous trouvez un **savon** **SA** et une **éponge** **PO**.

SAFE (**1688**) - Grâce au savon, vous parvenez à dégripper la fermeture éclair du portefeuille. Vous pouvez ainsi accéder à différents documents, et vous mettez de côté deux **élastiques** **EL** qui entouraient une liasse de billets de banque.

8174 - Vous examinez la note dactylographiée : il semblerait que Collins avait rendez-vous au bar cette nuit, très certainement avec son meurtrier, pour y évoquer un certain « arrangement »...

6530 - Vous vous penchez maintenant sur la carte de visite, qui contient une information sur la combinaison de l'attaché-case, basée semble-t-il sur l'année de construction du *Greenway* (soit **1879**, comme l'indique le plan du navire). L'indication « à respecter à la lettre » doit vous inciter à compter le nombre de lettres de chaque chiffre : UN – HUIT – SEPT – NEUF. La combinaison de l'attaché-case est donc **2 - 4 - 4 - 4**.

2444 - Vous parvenez à ouvrir l'attaché-case, à l'intérieur duquel vous découvrez la clé de la cabine de Victor Collins ainsi qu'un document relatif à sa bibliothèque. Vous pouvez poursuivre votre aventure en salle S3.

Salle S3 - La cabine de Collins

EXBI (**0080**) - Sur une étagère, les 9 tomes d'une encyclopédie permettent de contrôler un mécanisme.

DEBI (**4970**) - Pour autant, impossible de faire bouger la bibliothèque. Cependant, le papier trouvé dans l'attaché-case vous livre de précieuses informations. Collins y indique en effet que si l'on multiplie par 4 la combinaison attendue, on tombe sur le même nombre, écrit à l'envers. Ainsi, si le code est ABCD, alors :

$$4 \times ABCD = DCBA$$

Par conséquent, le chiffre A est forcément pair. Or, il ne peut pas être plus grand que 2 (sinon, 4 × ABCD serait un nombre à 5 chiffres) et il n'y a pas de « tome 0 ». C'est donc que A = 2.

Si A = 2, DCBA vaut au moins **8000**, donc le chiffre D est égal à 8 ou 9. Mais si D = 9, alors le chiffre A serait égal à 6 (car 4 × 9 = 36). C'est donc que D = 8.

On obtient donc :

$$4 \times 2BC8 = 8CB2$$

À ce stade, B ne peut pas être plus grand que 2, sinon 4 × 2BC8 dépasserait les 8000. C'est donc que B = 1.

Après quelques tâtonnements, ou en posant une équation, on peut finalement en déduire que C = 7.

Ainsi, ABCD = **2178**.

2178 - En enfonçant les tomes de l'encyclopédie dans le bon ordre, un léger déclic retentit. Pour toute action effectuée sur la bibliothèque, vous devrez dorénavant vous reporter à la combinaison obtenue en lisant les chiffres dans le sens inverse. Désormais, pour déplacer la bibliothèque, vous devez donc vous reporter à la combinaison **0794** (car l'action **DEBI** renvoyait précédemment au paragraphe **4970**).

0794 - En faisant coulisser la bibliothèque, vous découvrez de nouveaux ouvrages, et notamment un **livre** **LI** qui attire votre attention.

OULI (**0370**) - À l'intérieur du livre, un morceau de papier explique les règles du Futoshiki, un casse-tête japonais.

EXMU (**1520**) - Vous regardez de plus près la moquette, qui est composée de 25 dalles. Vous y reconnaissez en réalité une grille de Futoshiki, les différentes dalles étant séparées par un symbole « supérieur à » ou « inférieur à ».

DEMU (**8910**) - Vous soulevez les dalles de moquette et remarquez quatre cercles de couleur situés dans les coins de la pièce. La seule solution pour compléter le Futoshiki est la suivante :

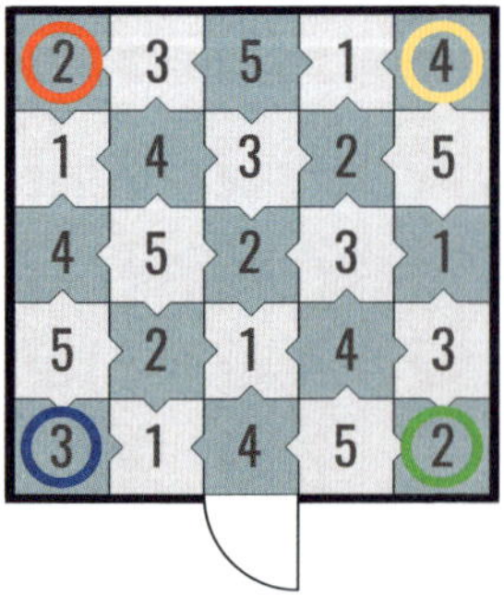

EXSE (**1730**) - En se fiant aux couleurs indiquées sur le cadenas du secrétaire (jaune - bleu - vert - rouge), la combinaison attendue est la suivante : **4 - 3 - 2 - 2**.

4322 - Le secrétaire s'ouvre. À l'intérieur, vous trouvez un **disque** DI et la trace de versements de sommes d'argent conséquentes sur le compte en banque de Victor Collins.

DIHO (**0504**) - Le gramophone ne fonctionne pas.

DEHO (**3930**) - À l'arrière du gramophone, une petite plaque de protection, retenue par une vis cruciforme, permet d'accéder au mécanisme.

SUHO (**0730**) - Pour retirer la vis, la fonction la plus adaptée est le tournevis cruciforme (**6**). Vous devez donc vous référer au paragraphe **6730**.

6730 - À l'aide du tournevis cruciforme de votre couteau suisse, vous retirez la trappe pour accéder aux **engrenages** RE de l'appareil.

EXRE (**3770**) - Vous remarquez que deux courroies sont manquantes.

ELRE (**4799**) - En plaçant les deux élastiques de cette façon, les trois roues bleues tourneront dans le même sens.

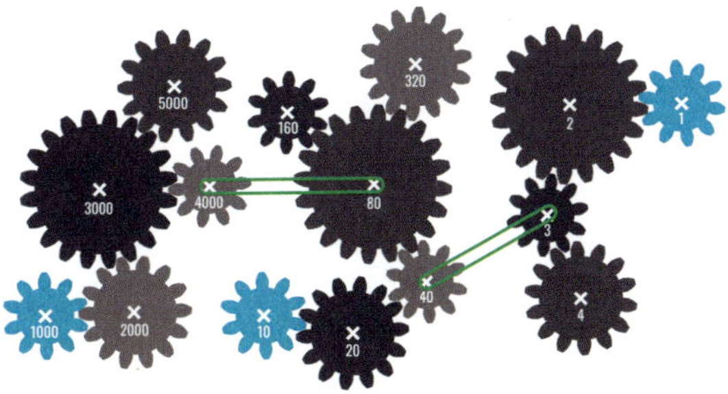

Vous devez donc vous reporter au paragraphe **4000 + 80 + 40 + 3 = 4123**.

4123 - Le gramophone est désormais réparé : vous devrez ajouter **2000** à toutes les actions qui impliquent l'appareil. Pour placer le disque sur le gramophone, vous vous reportez donc au paragraphe **0504 + 2000 = 2504**.

2504 - Le disque contient l'enregistrement d'une conversation entre Victor Collins et James Franklin, écrivain coupable de plagiat éhonté, que le collectionneur d'art faisait chanter en échange de son silence. Vous accusez aussitôt Franklin par l'intermédiaire du paragraphe **2000**.

2000 - James Franklin prétend n'avoir rien à cacher et vous permet de fouiller sa cabine : rendez-vous en **salle** **S4**.

Salle S4 - La cabine du suspect

EXMA (**3390**) - La malle en bois est fermée par un cadenas.

DEMA (**8290**) - Vous repérez une série de chiffres gravés dans le bois :

4.1 – 18.6 – 8.8 – 14.4

EXFI (**0690**) - James Franklin a décoré sa cabine avec une affiche reprenant la couverture de son best-seller.

DEFI (**5590**) - L'affiche est collée au mur. Vous risqueriez de la déchirer en la retirant à la main.

GEFI (**2200**) - Vous tentez de passer l'éponge sur l'affiche, mais elle est bien trop sèche.

EAGE (**9790**) - Vous imbibez l'éponge à l'aide de l'eau qui s'est déversée dans la cale. Pour toutes les actions impliquant l'éponge, vous devrez dorénavant multiplier les combinaisons obtenues par 2. Pour passer l'éponge humide sur l'affiche, vous vous reportez donc au paragraphe **2200** × **2** = **4400**.

4400 - Grâce à l'éponge humide, l'affiche se décolle parfaitement. Au verso, en petits caractères, vous découvrez l'inscription : p. 295. Il s'agit très certainement d'un numéro de page dans le livre de Franklin.

OULI (**0370**) - Pour se rendre à une page précise, il suffit d'ajouter le numéro de la page en question à ce paragraphe. Pour consulter la page 295, vous vous rendez donc au paragraphe **0370** + **295** = **0665**.

0665 - Vous décryptez l'inscription trouvée sur la malle de la façon suivante : « 4.1 » fait référence au 1er mot de la 4e ligne, soit « neuf ». En appliquant la même méthode pour l'ensemble du message, on obtient la combinaison **9 - 2 - 1 - 3**.

9213 - Vous parvenez à ouvrir la malle. À l'intérieur est rangée une **machine à écrire** **RI**.

EXRI (**9550**) - Le mécanisme de la machine à écrire est protégé par un capot retenu par cinq vis plates.

SURI (0350) - Pour retirer les vis, la fonction la plus adaptée s'avère cette fois le tournevis plat (1). Vous devez donc vous référer au paragraphe **1350**.

1350 - Cette action ne permet de retirer qu'une seule vis. Or, il y a en a **5**. Vous vous reportez donc à la combinaison **1350** × **5** = **6750**.

6750 - Vous permet d'accéder au **ruban** RU.

RULA (6538) - Vous approchez le ruban de la lampe et découvrez le dernier texte tapé à la machine à écrire : la lettre par laquelle Franklin avait donné rendez-vous à Collins au cours de la nuit pour l'assassiner.

Crédits des illustrations p. 16, 17, 22, 23, 32, 33, 40, 41, 48, 49, 114, 115 : © Shutterstock.com

PAPIER À BASE DE FIBRES CERTIFIÉES

LAROUSSE s'engage pour l'environnement en réduisant l'empreinte carbone de ses livres. Celle de cet exemplaire est de : 450 g éq. CO_2
Rendez-vous sur www.larousse-durable.fr

Achevé d'imprimer chez STIGE en Italie
Dépôt légal février 2021 – 327256/01
N° projet : 11045634 – février 2021